V. I. Kryjanovskaya
(Rochester)



# O Terrífico Fantasma

(romance ocultista)

Trilogia – Livro 1

Editora M. Didkovsky – Riga

В. И. Крыжановская
(Рочестеръ)

# Грозный Призракъ

Оккультный романъ

Изданіе М. Дидковскаго — Рига

*E o diabo, levando-o a um alto monte,*
*mostrou-lhe num momento de tempo todos*
*os reinos do mundo. E disse-lhe o diabo:*
*Dar-te-ei todo este poder e a tua glória,*
*porque a mim me foi entregue, dou-o a*
*quem quero. Portanto, se tu me adorares,*
*tudo será teu. E Jesus, respondendo, disse-lhe:*
*Vai-te, Satanás; porque está escrito: Adorarás*
*o Senhor teu Deus, e só a Ele servirás.*

*Lucas, IV, 5, 6, 7 e 8.*

"O Terrífico Fantasma"

*J. W. Rochester*

*médium*
*Wera Krijanowskaia*



**Lúmen Editorial Ltda.**
Rua Espírita, 64
São Paulo 01527-040 SP – Fone/Fax: (011)3207-1353

Capa – **SGuerra Design**
Tradução – **Dimitry Suhogusoff**
Editoração Eletrônica – **Ricardo Baddouh**
Revisão – **Valeska Perez Sarti**
Impressão – **Gráfica Palas Athena**

*fale com a Lúmen*
e-mail **lumened@uol.com.br**

LÚMEN
EDITORIAL

## Um romance emocionante...

Mais uma vez, leitor amigo, a Lúmen Editorial faz chegar às suas mãos uma obra do espírito J.W. Rochester, psicografada no início do século XX pela médium russa Wera Krijanowskaia.

Para nós, trata-se, novamente, de uma grande emoção, pois continuamos com nossa tarefa de levar ao público as obras do escritor inglês, na espiritualidade, sempre com a tradução cuidadosa de Dimitry Suhogusoff, esculpindo cada palavra, letra a letra, o pensamento rochesteriano em sua imaginação portentosa.

Este O Terrífico Fantasma é o primeiro romance de uma trilogia emocionante. Depois deste livro, a história segue com No Castelo da Escócia e termina com Do Reino das Sombras. Só Rochester poderia conceber trama tão envolvente...

Necessariamente, a Lúmen Editorial pode não concordar com alguns conceitos e opiniões emitidas pelo autor espiritual. Porém, julga de fundamental importância para o registro da História trazer à luz o texto tal qual foi criado pelo seu autor.

*Os editores*

# I

Sente-se, Nita, e espere um pouco! Em cinco minutos eu termino esta carta e, então, ficarei à sua disposição – disse Mikhail Mikháilovitch Suróvtsev, apontando para a esposa a poltrona ao lado da mesa e retornando à escrita.

Anna Petrovna sentou-se, pegou da mesa um jornal e começou a percorrê-lo distraidamente com os olhos.

Era uma mulher bonita, com cerca de trinta e oito anos de idade, olhos escuros aveludados e cabelos densos. A elegância apurada dos trajes e o luxo da mobília do gabinete eram um testemunho da riqueza da família. Mikhail Mikháilovitch era um *poméschik*(1) no passado, que, tendo se desfeito de algumas propriedades, iniciou diversos empreendimentos e agora ocupava uma posição de destaque no mundo financeiro.

Após fechar a carta e escrever o endereço, ele acendeu um cigarro, recostou-se no espaldar da poltrona e disse sorrindo:

— Pode falar, Nita, sou todo seu por meia hora.

(1) De russo: grande senhor de terras, normalmente cortesão e de origem nobre. (N.T.)

— Deus seja louvado! Normalmente tenho de lhe esmolar um tempinho para falar dos assuntos da família – queixou-se Anna Petrovna, contrariada. Queria consultá-lo sobre Mery. Como você sabe, em vista da minha viagem com a prima Olga para Vichy(2), decidimos mandar Mery e Natasha para a casa de sua irmã, na aldeia, em companhia de *mademoiselle* Emily e da babá. Mas aquela fazenda é tão minúscula, fica num ermo, os vizinhos são tão insignificantes e moram tão longe, que, está claro: Mery ficará entediada. Hoje de manhã, eu recebi um outro convite para ela, agradável em muitos aspectos, porém não quero resolver nada antes de consultá-lo. A baronesa Kosen esteve em casa, conversamos sobre os nossos planos para o verão e Anastácia Andréevna disse-me de sua ida ao castelo da família, perto de Revel(3). Ao saber que nós íamos mandar Mery para uma aldeia, ela pediu que a deixássemos ir com ela, por dois meses, dizendo que a nossa menina não ficaria ali enfastiada, visto eles terem muitos vizinhos. O que você acha, Misha? Como já lhe disse, a ida dela tem muitos atrativos. A baronesa organiza muitas recepções, fora isso, nas proximidades do castelo estarão passando férias dois jovens, aparentemente interessados por Mery. O marinheiro Paul Nordenskiold ficará algum tempo na casa da avó, vizinha de Kosen; ele é um jovem bonito e rico e está bem encaminhado na vida. Eric Rautenfeld também passará o verão em sua propriedade, perto de Revel. Ele é também um bom partido: diplomata, rico e com muitos contatos. Com dezoito anos, está na hora de Mery arrumar alguém; aqueles dois pretendentes vêm a calhar. Talvez dê certo...

Suróvtsev balançou a cabeça pensativamente.

---

(2) Cidade francesa de águas termais. (N.T.)

(3) Nome antigo de Tallinn, capital da Estônia. (N.T.)

— Tem razão, Nita! Suas conjecturas são sedutoras e eu não teria nada absolutamente contra, não fosse Vadim Víktorovitch... Seu papel dúbio – ou, aliás, muito claro –, na casa da baronesa, choca-me e eu não sei se é conveniente aproximar Mery de uma família assim.

Anna Petrovna pensou um pouco.

— Sim, de certa forma você está certo, Misha. O papel de Vadim Víktorovitch quanto à baronesa é um segredo de Polichinelo; mas, externamente, o decoro é mantido e eu considero Mery demasiadamente inocente para suspeitar da verdade. Lembre-se: Vadim Víktorovitch é amigo do barão, sem dizer que também é médico, que se redobra para cuidar da família. Sendo médico e tutor temporário das crianças, explicam-se assim suas visitas assíduas e prolongadas.

— Aparentemente tudo isso é bom; mas, falando entre nós, foi uma tolice grande do barão sair viajando pela Índia. Está fora há mais de dois anos, condenando a esposa à viuvez de marido vivo; a baronesa está no florescer dos anos: o máximo que deve ter é uns trinta e cinco, e a proximidade de um homem tão belo e inteligente, como o doutor Zatórsky, é um grande perigo.

— Chega disso! Após quinze anos de casada, com uma filha de treze e um filho de dez anos, já é hora de aplacar os ânimos, poupar o marido de chifres e deixá-lo realizar o seu sonho da vida: visitar a Índia – esse país das maravilhas! – replicou Anna Petrovna. – Aliás, o barão convidou-a para viajar junto, mas ela se recusou, preferindo, pelo visto, a companhia de Vadim Víktorovitch. Oh, o belo doutor é tão gentil, cumprindo ciosamente as obrigações assumidas perante o amigo. Há-há-há!

— Uma coisa me intriga: como Zatórsky, um homem inteligente e estudado, interessou-se por aquela nulidade como a baronesa. Poderia ter achado algo melhor.

— Sem dúvida! Mas nós nos desviamos do assunto; o que você resolve quanto a Mery? Prometi uma resposta à baronesa para hoje à noite, depois de consultá-lo. Podemos, sem ofender sua irmã, mudar os nossos planos?

Suróvtsev pensou por um minuto.

— Deixe-a ir. Espero que, na presença da nossa filha, Anastácia Andréevna tenha o juízo de não expor seu caso com o doutor. Você está certa ao dizer que devemos aproveitar a oportunidade de arrumar a vida de Mery; na casa de Vália ela ficaria muito entediada. Bem, está na hora – acrescentou ele, olhando para o relógio –, estou sendo esperado pelo conselho dos diretores de uma companhia belga; mal terei tempo de chegar na hora.

Após beijar apressadamente a esposa, ele pegou a pasta e saiu. Anna Petrovna retirou-se também do gabinete e dirigiu-se pelo corredor aos aposentos da filha, compostos de dois cômodos: um *boudoir* pintado de rosa, repleto de flores raras e bugigangas valiosas, e um dormitório. Ali, as paredes eram decoradas com papel branco, os móveis tinham os estofos de seda da mesma cor e a cama e o toucador arrematados em rendas. Diante de um grande espelho, observando a si própria, estava parada Mery, enquanto a camareira lhe ultimava a toalete.

Mery Suróvtseva distinguia-se por rara beleza. Era uma jovem esbelta, graciosa feito borboleta, tez de brancura acetinada, acentuada por cabelos negros azulados. Ela herdou da mãe os olhos aveludados, ainda que maiores e expressão diferente. O olhar de Anna Petrovna era límpido, alegre e tranqüilo, enquanto nos olhos escuros de Mery fulgiam orgulho, energia e alma impetuosa, em cujos recônditos estariam espreitando as paixões que as contingências da vida haveriam de despertar. Por enquanto, aliás, ela era uma criança inocente, absorta naquele momento exclusivamente com seus adereços e admiração prazerosa de sua figura sedutora. Por uns instantes, a mãe olhou para ela com amor e orgulho, depois perguntou:

— Você ainda está aqui? Não vai se atrasar para o chocolate da amiga?

— Não, mamãe! Tenho ainda uns vinte minutos e *mademoiselle* Emily também não está pronta. Pétia virá avisar assim que a carruagem estiver servida. Você quer me dizer algo? Estou vendo pelos seus olhos. Sente-se no sofá.

Ela aproximou o tamborete e também se sentou, arrumando cuidadosamente as pregas do vestido branco rendado, sentando-se de modo a se ver no espelho. Mery tinha consciência de sua beleza e gostava de contemplar sua figura. Fraca e demasiadamente indulgente, a mãe acompanhou os seus trejeitos.

— Queria dar-lhe uma novidade fresca que, espero, a deixará muito feliz. A baronesa Kosen convidou-a para passar dois meses em seu castelo perto de Revel e, uma vez que na casa da querida Vália você ficaria muito entediada, seu pai me permitiu aceitar o convite.

Os olhos da jovenzinha brilharam alegres.

— Oh! Como vocês são bons comigo! Obrigada, obrigada! Eu gosto muito da tia Vália, mas, é claro, será mais divertido ficar com a boa e encantadora baronesa.

— Sem dúvida! Seu castelo, conforme dizem, é um dos mais curiosos em termos de monumento histórico, além do que ela recebe muito. Lá, você encontrará seus conhecidos: Eric Rautenfeld e o jovem Nordenskiold, parente do barão. Ambos fazem-lhe a corte e isso não atrapalha em nada; eu percebi que você até gosta de Pável Fiódorovitch.

Ao notar que Mery enrubescera, a mãe acrescentou com bonomia:

— Você sabe, querida, eu e seu pai lhe damos a total liberdade de escolha; ambos os pretendentes são pessoas íntegras e um belo partido. Mas repito: é você que tem de decidir sobre o seu futuro.

— Querida mãezinha, não gosto de Eric Oskárovitch; ele é muito presunçoso, seco e frio, o seu olhar penetrante me deixa sem jeito. Não, não, ele não é o herói do meu romance; antes prefiro Nordenskiold, ainda que eu ache que em relação ao homem com quem casarmos, devemos nutrir um sentimento diferente. Como posso saber, mamãe? Talvez o homem predestinado a subjugar-me o coração ainda não tenha surgido no caminho da minha vida – concluiu ela rindo.

O aparecimento ruidoso de um menino de treze – catorze anos, em uniforme de cadete, interrompeu a conversa. Era o irmão de Mery que ia com ela para a festa de aniversário da amiga de infância deles. Pétia anunciou que o carro estava estacionado junto à entrada e que *mademoiselle* Emily estava pronta, aguardando-os no saguão.

— Até breve, queridos! Divirtam-se bastante! – desejou Anna Petrovna, quando os dois jovens saíam apressados levando os presentes: um anel no estojo e uma caixa de bombons.

A baronesa Kosen ocupava um andar inteiro em sua casa na rua Serguíevskaia; na noite daquele mesmo dia, ela estava sentada em seu *boudoir* e lia distraidamente um romance francês.

O quarto era amplo, revestido com seda verde-esmeralda; os estofos dos móveis também eram cobertos com mesmo tecido acetinado. Numa depressão, com clarabóia saindo para a rua, viam-se numa elevação duas poltronas e uma mesinha sobre a qual jaziam, num vaso de cristal, violetas e narcisos, que enchiam o quarto de maravilhoso aroma. As paredes eram decoradas com quadros caros; plantas raras, em grandes vasos japoneses, animavam o luxuoso ambiente, profusamente iluminado por lâmpadas elétricas.

A dona daquele maravilhoso cantinho era uma mulher de meia-idade, alta e magra, porém ossuda – o que conferia à sua figura uma aparência volumosa e pesada. Seu rosto era agradável, fresco e muito branco, enquanto os grandes olhos escuros poderiam até ser considerados bonitos, não fossem inexpressivos como todo o rosto, em que não se insinuava nem inteligência, nem bondade, e que se animava apenas nos momentos da ira. A despeito de tudo, de um modo geral, não era uma mulher feia; seus bastos cabelos ruivos vivos, em brusco contraste com os olhos escuros, conferiam-lhe algo diferente e picante. Ela estava vestida festivamente e nas mãos, que seguravam o livro, fulgiam brilhantes; todavia os dedos curtos e grossos eram rudes, assim como o tornozelo que se entrevia por debaixo da saia que, apesar da meia de seda e sapato de couro dourado, não possuía nem sombra de pertencer a uma mulher aristocrática.

Aliás, Anastácia Andréevna era de origem bastante obscura. Seu pai, funcionário miúdo de um ministério, onerado por numerosa família e de poucos recursos, tiritava praticamente em indigência. Desta forma, Nástia, a filha mais velha, cresceu em pobreza, habituada à parcimônia ciosa, tendo de ajudar à mãe tanto em casa, como cuidar dos irmãos. Ao completar dezoito anos, ela aprendeu a datilografia e, já por conta própria, conseguia se sustentar. Aos vinte anos, graças a um feliz acaso, logrou um trabalho na casa do barão Kosen, um arqueólogo amador, muito rico, que na época contava com trinta anos. Como Nástia conseguiu atiçar a paixão do barão, batendo na máquina de escrever suas descrições científicas, permanecia um mistério. Mas Kosen acabou se casando com ela, sendo que esta, mesmo após quinze anos de vida conjugal, não perdeu influência sobre ele. Era de fato espantoso como um homem inteligente, até muito letrado, pudesse ter sido arrebatado por uma mulher limitada e vulgar, ainda que não sejam poucos os exemplos de que para seduzir um homem as mulheres não necessitam propriamente de inteligência especial...

Ao ter obtido finalmente a riqueza e a independência ansiadas, Nástia transformou-se rapidamente. Esquecendo a pobreza da adolescência e juventude, esquecendo os tempos idos em que ela nem sequer tinha dinheiro para comprar um chapéu para si, quando tinha de empenhar trapos velhos na casa de penhores, começou a dissipar o dinheiro, comprando indistintamente tudo o que via. Nada poupava, sobretudo quando se tratava de sua toalete e, como em sua mente estreita ela achava que tudo que era caro era necessariamente bom, suas roupas, apesar de terem custado preços espantosos, não raro deixavam a desejar quanto ao bom gosto e elegância. Em uma coisa, aliás, permaneceu-lhe a avareza de sua ex-pobreza: suas mesquinhas críticas com os gastos da casa, as quais por vaidade ela tentava esconder dos conhecidos, desejosa de brilhar diante de pessoas menos afortunadas pelo destino.

Quando as primeiras chamas da paixão amainaram, o barão retornou às suas ocupações científicas, enquanto Anastácia Andréevna, saciada e habituada à riqueza, começou a ficar entediada, achando o seu "marido cientista" bastante enfadonho. Externamente, entretanto, ela propalava seu amor ardente a ele e, incansável, dizia a todos que o seu marido era louco por ela e que sua única rival era a paixão do barão à arqueologia e viagens.

Anastácia Andréevna era privada de qualquer talento; não tinha dom para o canto, não tocava nenhum instrumento, não pintava e sequer conhecia qualquer ofício artístico, que eventualmente enchiam as horas de mulheres de alta-roda. Ela consagrava seu ócio interminável apenas aos cuidados dos trapos e à leitura de romances de mau gosto, que lhe incendiavam a imaginação. Começou a sonhar com aventuras picantes e resolveu arrumar um amante – um passatempo comum das mulheres ociosas, sem princípios morais. Entretanto, ainda contida por certos receios, não se arriscava a pôr em execução as suas fantasias. A primeira oportunidade para o seu capricho apresentou-se graças a uma viagem.

Cerca de um ano depois do nascimento do segundo filho, o barão foi ao Egito e levou a esposa. No início, para Anastácia Andréevna a viagem foi uma verdadeiro suplício; ignorante e limitada, não se interessou nem um pouquinho pelos maravilhosos monumentos e antigos tesouros da terra dos faraós e pensava morrer de tédio. Sua salvação foi o aparecimento de um turista alemão que lhe fez os flertes, por si só interessantes pelo perigo que apresentavam e que saíram às mil maravilhas. O barão estava convicto das "virtudes" da esposa, sempre ocupado com suas múmias, de modo que não desconfiou do que os dois faziam. A baronesa tomou gosto pelas aventuras secretas e, ao retornar para casa, não deixou de arrumar novos casos. Um deles, aliás, quase terminou mal e a obrigou a agir com mais cuidado dali para frente. Para o filho, que então contava com seis anos, ela contratou um professor de inglês e para a filha – uma jovem governanta francesa. O inglês era jovem e atraente, de modo que Anastácia Andréevna teve uma vontade incontrolável de aprender a língua britânica. As aulas iam bem, até que a governanta deitou tudo a perder. Ela contava com a boa disposição do inglês e, antes que este entendesse que a patroa gostava dele, a governanta fez uma cena de ciúmes tão grande, que a baronesa teve de despedir os dois. Felizmente, o barão estava ausente no dia do escândalo. Anastácia Andréevna teria de ser mais precavida; assim ela imaginou um passatempo menos perigoso. Não era inteligente mas esperta, principalmente quando se tratava de seus interesses. Tinha seus próprios "fãs", perdidamente apaixonados, que não paravam de flertar com ela; isso a divertia. Mais do que antes, punha-se a propalar e demonstrar o seu amor ao marido e aos filhos, com isso tentando silenciar as más línguas. Ingênuo, o barão nem sequer suspeitava das aventuras da consorte; nunca lhe passou pela cabeça conhecer melhor os "adoradores" que acompanhavam a baronesa nas suas idas aos passeios e ao teatro. Assim escoava a vida da bela Anastácia Andréevna, sempre contando com homens piedosos, prontos a consolar a jovem mulher, "sozinha e abandonada pelo marido", constantemente absorto em seus trabalhos científicos.

Cerca de três anos antes, ocorreu um episódio que pôs termo a todos os flertes passageiros e incendiou o coração da baronesa com uma paixão intensa e incontrolável.

O barão adoecera gravemente e foi chamado então um jovem médico, que gozava de uma certa notoriedade. Tinha reputação de um homem sério e honesto, inimigo de mulheres e prazeres fáceis, inteiramente dedicado à medicina e aos pacientes. Com o primeiro olhar para o médico, a baronesa ficou como que aturdida; parecia-lhe jamais ter visto um homem tão belo e interessante. Sua reserva fria e o olhar indiferente que lhe foi lançado a deixaram ainda mais fascinada.

"Ele será meu. Jamais gostei de alguém, como dele", pensou.

A partir daquele dia iniciou-se uma obstinada e hábil investida, que aos poucos a aproximava dos projetos intentados. Na penumbra do quarto do enfermo, desencadeavam-se as cenas de coquetismo refinado. Em penhoares que custavam mais do que os vestidos de baile, com uma abnegação que beirava comoção, a baronesa passava as noites junto ao leito do marido, mal reservando a si um tempo para o próprio descanso. Quando a doença parecia piorar, ela suplicava ao médico passar a noite em casa e aquelas vigilâncias conjuntas e os jantares a sós os aproximavam e estabeleciam uma relação que deveria subjugar o jovem médico.

O barão foi salvo e essa cura quase milagrosa propiciou ao médico uma notoriedade. Ninguém estranhava que, ainda que o doente estivesse recuperado, o médico continuasse as visitas diárias e os encontros *vis-à-vis* no *boudoir*, diante da mesa do chá, como antigamente. Dobrado, o doutor Zatórsky já olhava embevecido para a baronesa, pois esta era ainda mais sedutora em seus trajes caseiros reveladores e quase não escondia os sentimentos que a agitavam. Por fim, deu-se a cena decisiva.

Certa noite, já levantado da cama, o barão estava organizando com o auxílio do secretário a correspondência acumulada; nisso, no *boudoir* apareceu o doutor, que ali não vinha havia uma semana. A baronesa, dilacerada nesse período por dúvidas e ciúme, saltou da cadeira e atirou-se em sua direção; as faces incendidas, os lábios frementes, a expressão dos olhos – tudo lhe traía os sentimentos.

— Por que o senhor deixou de vir a semana inteira? – balbuciou ela com voz embargada pela emoção.

Vadim Víktorovitch passou a mão pelo rosto e disse em meia voz:

— Para que mentir? Queria dizer-lhe que as minhas vindas serão mais raras, em vista do que me dita o dever de pessoa honesta.

Anastácia Andréevna soltou um grito surdo de alegria e segurou a mão do doutor.

— Continue... Diga-me se é verdade o que eu julgo ler em seus olhos? Terei eu essa bem-aventurança suprema de ser amada pelo senhor?

— Sim – ciciou Zatórsky, resfolegando.

Neste instante dois braços estreitaram seu pescoço e à boca premeram-se lábios ardentes. Dominado instantaneamente pela paixão, ele apertou ao peito a mulher fremente de amor; em seguida, porém, afastou-a bruscamente e perguntou indeciso:

— A senhora me ama? Mas a senhora ama seu marido?

— Eu o amava até encontrá-lo, mas continuo a nutrir pelo barão um sentimento de respeito, amizade e gratidão, pois ele me tirou da pobreza. Mas meu coração se agitou tão logo vi o senhor e então compreendi que o amor é um sentimento divino, que a tudo faz esquecer.

Que homem, ainda que não totalmente ofuscado com suas próprias qualidades, não ficaria adulado com esta confissão? Não era apenas um mero "sucesso" ser o primeiro a excitar uma paixão genuína na alma de uma mulher, sem dúvida jovem e bonita, com doze anos de casamento, que ainda não encontrara o seu ideal até encontrá-lo, apesar da experiência da vida. Aquilo não era uma conquista fácil do coração ingênuo de uma mocinha, ainda franqueado e pronto a aceitar qualquer impressão. Zatórsky estava subjugado. Laborioso, um homem da ciência, até então ele só vivera aventuras amorosas fáceis, e uma paixão pela esposa alheia cegou-o e o fez se esquecer de todos os seus princípios e escrúpulos.

Sob a influência da sensual e devassa mulher, ele tornou-se temporariamente o mesmo cínico que seus conterrâneos. Porém, a honestidade que embasava o seu caráter sugeria-lhe obrigar a amante a divorciar-se do marido e casar-se com ele. Mas Anastácia Andréevna era assaz cuidadosa e prática para trocar sua vida fausta de "grande senhora" por uma existência bem mais modesta. Por isso ela rejeitou a sugestão do amado sob o suposto pretexto de que os sentimentos de gratidão e lealdade não a deixariam quebrar a paz do marido com um rompimento tão ruidoso, de modo que essa solução foi descartada. O doutor continuou apenas "um amigo da família".

O barão, infinitamente grato ao homem que lhe salvara a vida, afeiçoou-se sinceramente a ele, elogiava-o por toda parte e granjeou-lhe numerosos clientes ricos, considerando o jovem médico como um membro da família. Por sua vez, Vadim Víktorovitch aproveitou amplamente tal situação vantajosa: tornou-se amigo e confidente dos dois filhos, cobriu-os de presentes e rebuçados e, tomando o lugar do barão, sempre ocupado por seu trabalho, acompanhava Anastácia Andréevna por todos os cantos. Por fim, ele deixou praticamente todos os seus amigos e conhecidos, consagrando o seu tempo apenas aos pacientes e à família do barão. Tal situação perdurava cerca de um ano, quando aconteceu um fato inopinado.

O barão tinha viajado a Londres para participar de um congresso arqueológico. Lá, examinando as antigüidades recém-trazidas, Kosen conheceu um jovem hindu e seu amigo – o príncipe russo Aleksei Eletsky, cujos pais o barão conhecia bem.

Ambos planejavam voltar para a Índia para estudarem o ocultismo e fazerem escavações, e convidaram o barão para acompanhá-los. A proposta era demasiadamente atraente para que o arqueólogo exaltado pudesse resistir, e ele aceitou; mas, ao retornar para casa, teve muito trabalho para vencer a oposição da esposa.

Ainda que intimamente Anastácia Andréevna estivesse feliz com a viagem, fingia-se amargurada e ofendida com a longa separação. Seu papel foi tão bem representado, que o barão partiu convencido do amor sincero da esposa e jurou, apenas para deixá-la mais calma, mandar notícias suas o mais freqüente possível. Uma vez que a viagem seria demorada e apresentava muitos perigos, o barão, antes de viajar, fez um testamento. À esposa ele deixava um substancioso capital e designava Vadim Víktorovitch como o tutor temporário dos filhos, pedindo-lhe para proteger a família na qualidade de médico e amigo.

Os amantes se sentiam magnificamente bem: o próprio marido estendera a mão protetora para a relação secreta deles e abençoou, até certo ponto, as visitas assíduas do doutor.

No início tudo ia bem e o decoro se mantinha; mas a baronesa, sendo uma mulher imponderada, ciumenta e lasciva, apesar da máscara de hipocrisia, permitiu-se a despropósitos que a comprometeram. Bem logo, não só a criadagem, mas também seus conhecidos, começaram a se entreolhar e sorrir maliciosamente. Na sociedade, o médico era chamado de pessoa perdida e achavam que ele nunca conseguiria escapar das garras daquela matrona apaixonada.

Esta era a situação quando do início desta narrativa e os pensamentos que tempestuavam na cabeça da baronesa, enquanto ela folheava impaciente o livro, não eram, aparentemente, dos mais agradáveis. A despeito de sua relação com o médico estar perdurando por mais de três anos, sua paixão não arrefecia; entretanto, ela era por vezes assaltada por lampejos de raiva ao perceber que ele havia mudado e, pelo visto, fartara-se dela. Externamente, tudo permanecia como antigamente. Vadim Víktorovitch visitava quase exclusivamente a sua casa, submetia-se paciente ao seu poder tirânico, quase brutal; ela, não obstante, sentia que ele lhe escapava. Subitamente, ela estremeceu ao ouvir no quarto vizinho as passadas firmes e leves e, um minuto depois, no umbral do *boudoir* surgiu a alta figura de um homem.

Seu rosto um tanto pálido, de traços regulares, estava severo e calmo; os densos cabelos negros exibiam um corte curto e nos enormes olhos cinza de tonalidade metálica, sob os cílios densos, fulgiam inteligência e força.

A baronesa largou o livro e atirou-se em direção dele, querendo abraçá-lo, mas este, com um movimento brusco e impaciente, desvencilhou-se e a levou até a mesa.

— Meu Deus, como a senhora é imprudente! Quantas vezes já lhe pedi para conter seus transportes de ternura para quando estivermos com a porta trancada e a sós. Imagine o escândalo se um dos criados ou um dos filhos entra! – observou ele a meia voz.

A baronesa corou densamente e seus lábios tremelicaram, quando disse:

— No começo você não era tão precavido. As crianças só poderão entrar, se eu as chamar; quanto aos criados, só falta que eu me constranja com eles!

— Mas eu, sim! Já basta sermos falados na sociedade e eu já estou cheio de olhares e risos ambíguos – replicou Vadim Víktorovitch, afundando-se na poltrona e acendendo um cigarro. Seu rosto estava incendido de desagravo. – Oh, peço-lhe chamar as crianças, ou iremos até lá nós mesmos. Liza está tão pálida – acrescentou após um silêncio oprimente.

— Ela não tem nada, afora um leve resfriado e é só – observou zangada a baronesa, erguendo-se rápido e dirigindo-se para o quarto das crianças.

Um menino taludo de faces coradas e uma menina magra, frágil e pálida lançaram-se nos braços do médico e o afagaram.

— Finalmente você veio, tio Vadim. Já não o víamos faz uma semana; seu criado Iakov, sempre que eu telefonava, dizia-me que você não estava em casa.

— É verdade! Tive alguns pacientes seriamente doentes e fiquei ocupado todo esse tempo – alegou Vadim Víktorovitch, sentando-se no sofá entre o menino e a menina.

Pelo visto, as crianças gostavam dele; elas falavam sem parar, serviam-no a todo o instante com amêndoas em açúcar e frutas; a viagem a Revel era o tema principal.

— Quando você vai nos visitar lá, no nosso castelo, titio? – perguntou a menina.

— Irei todas as sextas, à noite, e ficarei até a segunda de manhã; em julho poderei ficar por uns seis meses. Estou exausto e quero descansar.

Ao falar, Vadim Víktorovitch observava de soslaio a baronesa. Com ar carrancudo, ela mordiscava os lábios e não interferia na conversa; a raiva pela reação inopinada do amante ainda não havia passado.

— E a senhora, baronesa, aprova os nossos planos e está de acordo em conceder-me uma hospitalidade tão prolongada? – perguntou Vadim Víktorovitch, curvando-se e beijando a mão de Anastácia Andréevna, que repousava sobre a mesa.

O rosto da baronesa desanuviou-se um pouco.

— Claro, claro, ficaremos felizes em recebê-lo. Só que, caro doutor, não se esqueça de levar consigo um pouco de bom humor. Seus nervos estão abalados e às vezes nem eu mesma o reconheço.

— A senhora tem razão, estou nervoso e chato. No sossego do campo e ar fresco eu melhorarei.

— Com toda certeza; há um jardim enorme, o mar – a dois passos, e temos barcos para passear. Além disso teremos visitas: a bela Mery Suróvtseva e a tia do meu marido – Elena Oreéstovna, uma mulher espirituosa. Quero crer que esses hóspedes lhe serão de agrado.

— Para partidas de baralho, sem dúvida – riu o doutor.

Um criado, anunciando a chegada de algumas damas, interrompeu a conversação.

## II

Era uma noite no início de junho, alguns dias antes da ida da baronesa à sua propriedade perto de Revel, onde ela planejava ficar até o fim de setembro.

Anastácia Andréevna estava em seu *boudoir* em companhia de Zatórsky; eles tinham acabado de tomar chá sozinhos, pois as crianças com a governanta estavam em Pávlovsk, na casa de amigos, e só retornariam às onze horas. Pretextando analisar contas, a baronesa levou o amante ao quarto e, como as portas estavam então trancadas, sentou-se descerimoniosamente sobre seus joelhos, cingiu-lhe o pescoço com os braços e imprimiu em seus lábios um beijo ardente. Vadim Víktorovitch retribuiu-lhe a carícia, mas o seu beijo já não foi fogoso como antigamente e a baronesa sentiu isso; uma chama maldosa fulgiu por instante em seus olhos, ainda que, externamente, seu rosto permanecesse alegre. Inclinando-se em direção ao doutor, ela olhou maliciosamente em seus olhos meditativos e preocupados.

— Escute, seu resmungão inveterado! Devo lhe dizer algo que há muito tempo me preocupa e que terá de ser resolvido: você deve se casar.

Vadim Víktorovitch soergueu-se surpreso.

— Que brincadeira tola! – observou irado. – E com quem casaria, já que todos me julgam comprometido?

— Mais uma razão para calar a boca dos maledicentes. Tão logo o barão retorne, você deve se casar para pôr um fim aos mexericos.

— E você aceitaria ceder-me a uma outra? – tornou Vadim Víktorovitch desconfiado, com ponta de zomba.

— Sim, se isso for preciso para a sua felicidade e do barão, cujo nome merece ser poupado.

Ela como que se contraiu, cobriu o rosto com as mãos e murmurou chorosa:

— Meu pobre Max! Ele acredita que só ele eu amo... sempre tão bondoso comigo...

A baronesa era uma hábil comediante e sua manobra deu mais certo do que o esperado. Perturbado, Vadim Víktorovitch premeu-a a si, beijou-a e jurou, acontecesse o que acontecesse, nunca deixar de amá-la. Entretanto, a idéia de se casar, lançada como um balão de ensaio, calou fundo na alma do médico, mais fundo do que a baronesa podia supor. Malgrado as juras de amor, aquela relação oprimia-o; a paixão se havia extinguido e o falatório assumia proporções inauditas, refletindo-se em sua reputação e deixando-o em situação embaraçosa na sociedade. O casamento delineava-se-lhe, já há algum tempo, como uma tábua de salvação. Ele próprio, é verdade, não amava ninguém, mas sabia que agradava a muitas mulheres e podia escolher. Suas preocupações, aliás, já tinham sido notadas por sua tia, com quem morava. Ela era a irmã mais velha de sua falecida mãe, viúva de um general, uma mulher rica e independente.

Zatórskaia, sua mãe, morreu durante o trabalho de parto e a esposa do general, assumindo os cuidados pelo recém-nascido, criou-o como seu próprio filho. Seu pai, médico também, vivia sempre ocupado sem tempo para o filho, e o confiou de bom grado à sua cunhada sem filhos.

Vadim Víktorovitch respeitava e gostava de Sófia Fiódorovna como se fosse a própria mãe, e sabia que o seu caso com a baronesa muito a amargurava.

Religiosa e muito honesta, Sófia Fiódorovna considerava uma vilania e imoralidade trair o homem que depositara em seu sobrinho total confiança, e esta questão delicada freqüentemente era motivo de altercações mútuas, que deixavam o jovem médico muito nervoso.

À noite do dia seguinte à conversa descrita com a baronesa, o doutor estava em casa. Ele tinha uma consulta e, ao se ver livre do último paciente, por volta das dez e meia, foi ao refeitório, onde a tia o aguardava para o chá, jogando paciência. Dispondo as cartas, Sófia Fiódorovna observava preocupada o sobrinho, que, meditativo, tomava o seu chá.

— O que o preocupa? Teve algum aborrecimento com cliente ou com... aquela vagabunda? – perguntou ela, baixando a voz.

O doutor sacudiu a cabeça e pelo seu rosto escorregou um sorriso.

— Não, tia, não tive nenhum aborrecimento; estou preocupado com outra coisa. E mesmo que eu tivesse algum problema, por que necessariamente sua causa deveria ser a pobre baronesa, que você tanto odeia?

— Porque essa imprestável mulherzinha está desgraçando sua vida e eu vivo com medo de algum escândalo. Você está à mercê dos criados dos Kosen, ou acha que eles são cegos? Ademais você é tão descuidado, seus bolsos estão repletos de cartas daquela imunda. A começar pelo seu mordomo, quem poderá garantir que ele não se vingue de você por alguma censura mais brusca e entregue uma dessas cartas ao barão. E então? Como você vai encarar o homem que depositou inteira confiança em você e cuja honra você aviltou. Ninguém sabe ainda como esta história pode terminar. Pessoas aparentemente mais pacíficas se tornam irascíveis e desafrontaram a desonra com o sangue.

Sófia Fiódorovna misturou nervosamente as cartas e as jogou de lado.

— Arre, tia! Não venha com esses horrores românticos em nossos tempos prosaicos – tornou o médico, agitando os ombros.

— Oh, não zombe, querido Vadim! Você não sabe, mas de algum tempo para cá tenho maus pressentimentos; uma certa angústia mórbida e um medo indefinido, como que uma desgraça o ameaçasse...

A voz de Sófia Fiódorovna tremia e seus olhos encheram-se de lágrimas. Zatórsky inclinou-se, beijou sua face enrugada e disse meigamente:

— Acalme-se, titia! Vou dizer-lhe o que me inquieta e isso porá um fim – eu espero – aos seus medos. Eu entendo e, o que é mais importante, a própria baronesa tem consciência disso: está na hora de acabar com esta relação ruidosa. Assim, para terminar com o falatório, decidi me casar...

Uma exclamação alegre interrompeu-o:

— Ah! Deus o abençoe por esta decisão, querida criança! E diga-me: já fez uma escolha, gosta de alguém concretamente? Não quero crer que você faça de sua futura esposa um biombo para prosseguir em sua aventura. Aliás, nenhuma mulher suportaria isso.

— Meu Deus, como você se preocupa, titia! Só sei agora que preciso me casar; tenho em vista algumas possíveis pretendentes e, até o outono, farei a minha opção.

— Não será difícil. Tenho certeza de que terá sucesso. Ao ver que o sobrinho desatou num riso franco, ela acrescentou incisiva: – Estou falando sério; você é um partido invejável.

— Espero que o belo sexo tenha a mesma opinião de mim. Repito: até o outono eu decidirei, mas preciso de alguns meses para encontrar a pessoa certa. Digo mais: não vou casar com nenhuma menina. Não sou mais jovem, tenho trinta e seis anos e quero ter uma boa dona-de-casa e, sobretudo, uma boa mãe, pois adoro crianças e quero tê-las, para possuir um objetivo na vida. Assim orientado, escolherei uma mulher de uns vinte e sete – vinte e oito anos, saudável, prática e boa dona-de-casa, não uma tola qualquer de dezessete – ingênua, romântica e dengosa.

— Oh, tudo isso não importa, meu querido; está claro que você escolherá alguém que lhe seja de gosto, alguma moça adequada. O que vale é criar um lar próprio e cortar a relação com a baronesa. Francamente, ela me intriga: como conseguiu seduzi-lo, sendo uma pessoa ínfima, incapaz de elevar-se acima da torpeza.

Vadim Víktorovitch nada respondeu e só passou a mão pela testa como que afugentando pensamentos enfadonhos; depois, terminando o chá e pretextando trabalho, ele se despediu da tia e foi ao quarto.

Três dias mais tarde, Mery estava ultimando em seu quarto a arrumação das coisas; a baronesa viria à noite para buscá-la e, no dia seguinte, elas já estariam em Revel. A jovem ainda trajava suas vestes matinais e instruía a velha ama, uma mulher forte e bondosa, como arrumar os vestidos e as roupas numa grande cesta, enquanto ela mesma embrulhava e colocava no saco de viagem suas jóias e pertences de toalete.

Anna Petrovna, a governanta e a irmã mais nova haviam viajado na véspera: Pétia foi ao acampamento em Peterhof e, no dia seguinte, Suróvtsev planejava ir passar uma semana na casa de um amigo na Finlândia. A casa tomou um aspecto solitário e vazio; os tapetes, os retratos e as quinquilharias foram tirados; os lustres e os quadros – cobertos por panos de musselina; os móveis envolvidos em capas de linho, e as cortinas abaixadas fizeram mergulhar tudo numa penumbra cinzenta.

Isso não impediu que Mery se sentisse bem-humorada. De manhã o seu pai presenteara-a com duzentos rublos para as despesas miúdas e os dois meses de total liberdade iminente deixavam-na exultante. Ela podia fazer o que lhe desse na telha, palrear, flertar com quem lhe fosse de agrado, sem a vigilância da mãe, que sempre tinha algo a reparar-lhe com respeito a suas maneiras e toalete. Mery levava consigo uma camareira, uma vez que a baronesa lhe havia dito: "Mais uma pessoa não fará nenhuma diferença lá no castelo, de modo que pegue sua camareira, querida Mery. Ela ajudará em sua toalete e você ficará mais à vontade com uma criada já habituada". Naquela hora, a camareira foi dispensada para se despedir dos familiares e a velha ama, que cuidava da senhorita desde o seu nascimento, ajudava na arrumação das coisas.

Ao fechar o saco de viagem, Mery interceptou um olhar desgostoso da velha ama e estranhou o seu mutismo, tão diferente de sua habitual tagarelice.

— O que há com você? Parece estar zangada e não conversa comigo. Está doente?

— Não, não estou gostando de você ir sozinha à casa daquela baronesa. Que modismo é esse? Uma mocinha não deveria ficar tão longe da mãe, e você sempre viajou com ela; agora, de repente, deixam-na sozinha sem qualquer vigilância! Onde já se viu isso?! – resmungou a velha.

— Mas eu não ficarei sozinha, a baronesa vai estar lá.

— Bela companhia! Por acaso a casa dela prima por decência? Seu marido está fora, e um tal de médico de lá não arreda o pé; quem é ele, não dá para saber... Correm boatos muito ruins sobre ele. Tfu! – E a ama escarrou com raiva para o lado. – Não acharam um lugar melhor para mandá-la? Você ainda é uma criança, tão nova e inexperiente. Deus sabe o que poderá acontecer!

Mery desatou a rir.

— Mas, ama, já sou adulta; tenho dezoito anos e, graças a Deus, sei como me portar. E o que eu tenho com o médico? Não estou doente e não preciso dele. Pelo menos na casa da baronesa vou me divertir; ela é tão alegre e seus filhos são maravilhosos.

— Ela é desavergonhada, isso sim! Ao menos tivesse vergonha dos filhos – resmungou Aksínia, tampando ruidosamente a cesta; mas, ao ver que Mery continuava a rir, acrescentou zangada. – Não ria, queridinha! Oh, o meu coração sente que a sua viagem não acabará bem; tive um sonho mau esta noite: coisa ruim está por vir.

— Conte-me o que você sonhou! Gosto tanto de ouvir os sonhos! – exclamou Mery, cingindo o pescoço da velha e fazendo-a sentar-se ao lado num pequeno sofá.

No início Aksínia relutou, mas depois iniciou em voz tremulante:

— Sonhei que estava sozinha em casa; todos haviam viajado não sei para onde. Deus sabe porquê, estava muito angustiada e fui ver pela janela se alguém de casa estava retornando. Ao invés de nossa rua Koniúchennaia, em frente de nossa casa estendia um mar, cujo fim não se via, e em direção da nossa janela aproximava-se, a todas as velas, um enorme navio. E eis que no convés eu vejo uma mulher alta, parecida com uma etíope, medonha e com grandes olhos maldosos, toda coberta de brilhantes. Ela desceu; até pensei que ela tivesse caído no mar, mas, subitamente, vejo que o mar desapareceu e nós estávamos num quarto, que nunca vi antes. A mulher negra estava sentada no tamborete no meio do quarto e, em volta dela, dançavam você, a baronesa e mais algumas pessoas desconhecidas. Quando algum dos dançantes passava por ela, a mulher se levantava e o enforcava, imediatamente seu corpo desaparecia e em seu lugar formava-se uma poça de sangue. Fiquei tão amedrontada que ela não agarrasse você, que quase fiquei maluca e não sei o que lhe aconteceu depois. O sangue, naquela hora, espumava-se e refluía batendo na casa, que começou a ruir. Apavorada, eu gritei e despertei toda suada. Ai, ai! esse sonho não reserva nada de bom.

Mery ouviu-a com inquietação na alma; porém, sacudiu a cabeça energicamente.

— Não, ama, tudo isso são tolices. O nosso médico me disse que os sonhos acontecem por causa da digestão: quanto mais se come, piores são os sonhos. Você deve ter comido muitos *galúchki*(4) ontem à noite. E não se atormente com maus presságios! Sou uma moça adulta e não permitirei que me maltratem ou asfixiem. Agora, ajude a me vestir – tornou ela, beijando a velha.

Ao ficar pronta, Aksínia abençoou a jovem, beijou e sussurrou-lhe no ouvido:

— Fique o mais longe possível do doutor. Você o conhece bem?

— Não. Nas vezes que fui à casa da baronesa, não o encontrei lá; só o vi uma vez ou duas, rapidamente, mas não prestei atenção nele. E você, ama, já o viu, para ter tanto ódio por ele?

— A cozinheira da baronesa é minha conterrânea. Certa vez, quando fui lá, ela me contou tanta coisa da baronesa! Depois, ela e a camareira me levaram até o lavatório, de onde eu vi os dois tomando o chá. Que indivíduos mais nojentos!

Mery riu, mas prometeu tomar cuidado e manter-se longe do médico como de um malfeitor; em seguida ela se dirigiu apressadamente à sala onde estava o seu pai e a baronesa, que acabava de chegar.

---

(4) Prato ucraniano: pequenos pedaços de massa cozidos em caldo ou leite. (N.T.)

A despedida foi alegre. Mikhail Mikháilovitch reportou-se aos negócios importantíssimos que o impediam acompanhá-las à estação e brindou-as com flores e confeitos. Meia hora depois, o automóvel de Anastácia Andréevna levava as viajantes para a Estação Ferroviária de Báltico. Ao adentrarem o saguão da primeira classe, onde por elas já aguardavam os filhos da baronesa com a governanta, Anastácia Andréevna exclamou alegre:

— Ah, Vadim Víktorovitch, o senhor veio despedir-se de nós? Muito gentil de sua parte. Querida Mery, permita-me apresentar-lhe o doutor Zatórsky, velho amigo da família e tutor de meus filhos na ausência do meu marido.

Pela primeira vez Mery examinou curiosa aquele senhor, tão vilipendiado pela ama e o resultado do exame verificou-se positivo para o médico.

Ela achou o seu rosto pálido e regular bonito; a expressão confiante, serena e severa de seus olhos de matiz metálico sugeria respeito, enquanto o sorriso sedutor a iluminar o semblante do médico durante uma breve conversação encantou-a decididamente. Ela resolveu de pronto que a sua velha ama era tola e preconceituosa e, se aquele homem, jovem e interessante, realmente amava a baronesa, só se poderia invejar a sorte dela.

Anastácia Andréevna estava bem humorada. Ela pegou das mãos do doutor uma enorme caixa de bombons que este trouxera para os seus filhos e reiterou o seu desejo de vê-lo brevemente; riu bastante e brincou até embarcarem no trem. Quando este partiu, a baronesa, exausta, estendeu-se no sofá e logo adormeceu. Mery, sentada em frente, examinou-a longamente. Notou que a baronesa já se maquiava: em volta dos olhos havia pequenas rugas e, de modo geral, sua aparência deixava a desejar. Seria possível que o doutor, um homem sem dúvida inteligente e com caráter forte, poderia ter se apaixonado por aquela mulher, habilitada, no máximo, para uma volúpia vulgar?...

De Revel até o castelo era um pouco mais de uma hora e esta viagem, numa carruagem aberta, proporcionou a Mery imenso deleite; à vista do próprio castelo, ela deixou escapar um grito de surpresa. O prédio era antigo, mas ampliado e decorado com diversas edículas. Todo o maciço, com uma alta torre lateral dentada, repousava sobre um enorme penhasco, aos pés do qual se arrebentavam as ondas do mar. Uma escada esculpida na rocha com corrimão levava a uma pequena baía, onde estavam ancorados barcos de diferentes tamanhos. Olhando do mar, o castelo preservara um aspecto sombrio e feudal; do lado oposto, estendia-se um amplo jardim que com uma faixa verde cingia as construções novas. Alguns anos antes, o barão Kosen herdou o castelo Zeldenburgo após a morte do último representante do tronco ancestral antigo. Mas uma cláusula do testamento facultava a uma velha parenta o direito de habitar aquele castelo vitaliciamente; Anastácia Andréevna sentia horror em morar lá. Ela odiava a velha matrona, mulher seca, severa e afetada, cujo olhar glacial parecia atravessá-la por dentro, e cujos lábios exibiam sempre um sorriso desdenhoso a qualquer seu despropósito ou palavra estouvada. Somente o desejo de contrariar a metódica matrona fazia com que a baronesa inventasse uma série de modismos que perturbavam os hábitos da habitante do castelo. Finalmente, no inverno anterior, Eleonora von Kosen morreu e então a baronesa resolveu passar o verão em Zeldenburgo.

Os aposentos de Mery consistiam de um dormitório e uma pequena sala de estar cobertos de cretone azul e rosa. A vista para o mar e o jardim era maravilhosa e Mery estava definitivamente encantada.

Todo o tempo que se seguiu ao almoço foi dedicado ao passeio pelo jardim repleto de flores; de um alto caramanchão se abria um panorama para a lonjura marítima, com seus navios, que seguiam para o porto de Revel.

Feliz e contente, Mery deitou-se na cama; subitamente, ela olhou para um retrato pendurado na parede e que, involuntariamente, fê-la rir. O retrato representava a falecida *fräulein* Eleonora; a baronesa passara a noite inteira divertindo os presentes com as narrativas das pequenas fraquezas e das concepções ultrapassadas de Eleonora.

Mery riu muito, como todos os outros, e, agora, a visão do retrato motivou nela uma nova explosão de riso; mas, aos poucos, os olhos severos e meditativos que a fitavam com raiva e zomba provocaram nela uma impressão desagradável. Ela se virou para a parede para não ver o retrato e logo adormeceu, mas seu sono foi agitado. Mery passou revirando-se na cama, atormentada por aparições medonhas, como num pesadelo.

Ela se via no jardim do castelo, quando no horizonte surgiu uma enorme nuvem escura, cobrindo rapidamente o firmamento. Ficou escuro como de noite e das nuvens negras dardejavam feixes de luz vermelhos, como sangue, que iluminavam todos os objetos numa tonalidade nefasta.

Em seguida as nuvens se dispersaram e descortinou-se uma gruta, no centro da qual, num trono, sentava-se o próprio Satanás que lhe estendia os seus braços peludos e gárrulos, tentando agarrá-la. Apoderada de terror, ela queria fugir, encobrindo-se com capa negra e grande que envergava nos ombros, quando, de chofre, de cada prega da capa começaram a surgir nuvens incontáveis de pequenos seres repulsivos que, feito enxames de abelhas, encheram o ar. Os seres minúsculos mordiam e picavam-na; ela, ensandecida, agitava-se por todos os lados, tentando fugir de seus perseguidores. De súbito, ouviram-se gemidos e tiros; Mery escorregou em algo molhado e pegajoso, percebendo então que era uma poça de sangue. A alguns passos dela estava parada Eleonora, apontando dedo para ela, cascalhando num riso sonoro que estremecia todas as suas fibras. Mery gritou e despertou suada e febricitante.

— Arre, que pesadelo horrível – sussurrou ela, e levantou-se para tirar da sacola gotas de calmante. Depois de tomá-lo, dormiu rapidamente um sono juvenil e sadio.

Durante o desjejum, a baronesa perguntou rindo:

— Como dormiu, Mery, e o que viu em sonhos? Tive um pesadelo horrível, sonhei que um tigre estava me perseguindo, corri dele e tropecei várias vezes. Certa hora, ouvi diversos tiros e senti o tigre morder-me; depois despertei.

— Meu Deus, também tive um pesadelo e ouvi os tiros. Minha velha ama me disse que isso é mau presságio – observou Mery.

— Oh! Quem acredita em presságios neste século iluminado?! – manifestou-se *mademoiselle* Dobero, a governanta francesa, que gostava de passar por uma pessoa judiciosa. – A explicação é muito fácil: alguém, provavelmente, estava caçando pardais por perto; daí a similaridade dos sonhos da *madame* e *mademoiselle*, que ouviram os tiros.

Todas riram e não pensaram mais sobre o acontecido.

# III

Na sexta-feira, veio o doutor Zatórsky e a sua chegada animou o castelo. Jogaram críquete e tênis, passearam nas redondezas e voltaram só para o chá da tarde.

De soslaio, mas não com menos interesse, Mery observava o médico. Antigamente, ela dava pouca atenção a ele, mas os mexericos de que ele era amante da baronesa excitaram-lhe a curiosidade.

Atualmente, não existe a preocupação com moças adolescentes, e muitos assuntos que elas nem deveriam saber são discutidos em voz alta em sua presença, sem falar dos jornais, cujas colunas sobejam das descrições de paixões dramáticas e casos vergonhosos que a juventude acaba lendo. Com dezoito anos, Mery já se considerava adulta e bem informada, sempre ávida por descobertas que atiçam a curiosidade mórbida da imaginação jovem e intacta da realidade bruta da vida. Mery tinha muitos adoradores, principalmente entre a juventude "verde" que mal acabara de sair das carteiras escolares: estudantes, pajens e jovens oficiais de buço recentemente formado. Mas a todos esses noviços ela tratava com um certo desdém; ela os conhecera desde que eram escolares e a seus olhos eles não eram cavalheiros de verdade. Até o jovem marinheiro e o diplomata, dos quais falara sua mãe, não souberam sensibilizar seu coração, ainda que a cortejassem abertamente. Agora se apresentava uma oportunidade única de conhecer um "romance" – um romance secreto de verdade. Mas, por mais que Mery espreitasse, não conseguia perceber nada além de uma certa familiaridade que poderia ser natural em se tratando da baronesa, podendo ser justificada, talvez, pela longa amizade com o doutor...

Após retornar do passeio, a baronesa foi ao quarto para trocar de vestido, enquanto Mery se dirigiu à saleta ao lado do refeitório e sentou-se no parapeito da janela. O quarto se achava na parte velha do castelo e uma ameia funda ficava escondida por trás da cortina de veludo. Da janela se via o mar iluminado pelo luar e Mery ficou deslumbrada pelo espetáculo maravilhoso.

Por alguns minutos ela ficou ali, quando na sala se ouviram passos; ela se virou e, através da fenda do reposteiro, viu o doutor, que se sentou à mesa, pegou um livro e o folheou distraidamente.

Pela primeira vez Mery podia examiná-lo com toda a liberdade. Uma lâmpada iluminava-lhe o rosto, alheio aos olhos escuros a observarem-no curiosos. Pela primeira vez também, Mery sentiu um interesse um tanto estranho por aquele homem praticamente desconhecido. Sem dúvida, ele era um homem de posição social destacada, um médico eminente e reconhecido e, indiscutivelmente, bonito. Os traços finos e regulares, o traçado severo e enérgico da boca e os olhos grandes de tonalidade cinza metálica – tudo nele era de seu agrado. E aquele homem interessante, ainda jovem, amava a baronesa, que já apelava para a maquiagem, enquanto seu talhe, apesar de magro, parecia pesado e perdera a graça e flexibilidade que dão encanto à primeira mocidade. Mery pensava assim com seus botões, quando entrou a baronesa, visivelmente nervosa, segurando um telegrama.

— Imagine, Vadim, minha mãe escreve que o papai está doente e deseja me ver. Ela pede que eu vá imediatamente a Strelna.

— Bem! O que pretende fazer?

— Não posso me eximir; pegarei o trem noturno. De manhã estarei em Petersburgo e, depois de amanhã, retorno.

Ela ficou muda por uns instantes, repousou os braços nos ombros do doutor e, inclinando-se a ele de modo a roçar-lhe a face, disse:

— Vá comigo!

Zatórsky tirou calmamente os seus braços de si.

— Quantas vezes tenho de pedir-lhe, Anastácia Andréevna, para abster-se dessa familiaridade, que alguém pode perceber. Mais do que nunca, isso é inconveniente. Vá e, claro, eu a acompanharei até a estação; mas, pessoalmente, não quero voltar para Petersburgo. Vim para descansar, tomar ar fresco e não quero chocalhar noite inteira num vagão de volta para a cidade. Seu pai tem seu próprio médico e não precisa de mim. Arrume as coisas, teremos tempo de jantar ainda, antes do trem.

A baronesa enrubesceu, mordiscou o lábio e uma chama maldosa faiscou em seus olhos. Sem dizer uma palavra, deu as costas e saiu; o médico também se levantou e foi ao refeitório.

Feito uma sombra, Mery deixou seu abrigo, querendo contornar o refeitório por outro lado; mas, ao passar pelo *boudoir* da baronesa, viu esta diante do guarda-roupa aberto. A camareira, neste ínterim, dispunha sobre a mesa o saco de viagem.

— Deixe o saco, Matriocha, vá arrumar a cesta e, depois, vista-se, vou levá-la comigo – disse Anastácia Andréevna, e, ao ver Mery, dirigiu-se-lhe alegre: – Ajude-me, querida, a encher estes frascos com a água-de-colônia e perfumes, e colocar tudo no saco, enquanto eu pego os lenços e outras miudezas. Só que aqui está muito escuro – ela comutou o interruptor elétrico.

Uma luz rosada inundou o *boudoir* e a figura branca e esbelta da jovem, que se pôs a encher aplicadamente os frascos. Anastácia Andréevna olhou para ela com expressão enigmática e observou com negligência, ao se curvar sobre um baú:

— Sinto pena de Vadim Víktorovitch. Ele estava tão feliz com a possibilidade de passar comigo esses dois dias, no entanto eu preciso viajar. Ele queria acompanhar-me, mas eu recusei. O pobrezinho está loucamente apaixonado por mim e tenta me agradar de todas as maneiras; mas precisa descansar e eu insisti que ficasse aqui, vou levar comigo a camareira só para ele aquietar-se que não viajarei sozinha.

Felizmente a baronesa continuava a remexer no baú, caso contrário teria notado o olhar de Mery, constrangido com sua mentira deslavada. Ela tinha escutado que Vadim Víktorovitch se recusara a viajar com ela e viu o gesto impaciente dele, desvencilhando-se de seus afagos. Mas por que razão Anastácia Andréevna estaria mentindo? Por que ela se gabava e expunha um sentimento que deveria esconder de todos?... Mery não encontrava resposta para essas questões e, a fim de esconder seu constrangimento, começou a arrumar no saco os frascos e os lenços de nariz.

O filho da baronesa, que veio correndo para informar que o jantar estava servido, deu uma nova orientação à conversa e todos foram ao refeitório.

Extremamente curiosa, Mery observava disfarçadamente os supostos apaixonados, mas não conseguiu captar nenhuma olhadela amorosa por parte do doutor; a baronesa tagarelava feito gralha e parecia não dar nenhuma atenção para seu adorador. Quando anunciaram que o coche estava servido, Anastácia Andréevna disse que Vadim Víktorovitch não precisava acompanhá-la.

— O caminho é bastante longo e o senhor precisa descansar; os cavalos e o cocheiro vão ficar também exaustos e é melhor que fiquem descansando em Revel – acrescentou ela, despedindo-se carinhosamente dos filhos e de Mery. – Ao senhor, Vadim Víktorovitch, eu delego a tarefa de distrair a minha jovem amiga. Claro, o senhor não é tão jovem para divertir Mery, mas tente, sacuda os seus velhos ossos; isso lhe fará bem.

Nos olhos da baronesa cintilava uma expressão de malícia e na voz ouvia-se algo muito significativo. Mas o doutor parecia não notar e nem se ofendeu por ser incluso no rol dos velhos; com um sorriso gentil ele beijou a mão da baronesa, desejou-lhe boa viagem e, depois, todos a acompanharam até a carruagem.

Ao saírem ao terraço, de onde se via todo o mar, Zatórsky perguntou de repente:

— Maria Mikháilovna, não quer dar um passeio de barco? A noite está maravilhosa e ainda é cedo. Pode confiar em mim, eu remo bem e o mar está calmo.

— Oh, não tenho um mínimo de medo e ficarei feliz em dar este passeio – sustentou Mery e seus olhos brilharam de satisfação.

— Neste caso, vá se trocar rápido; à noite, no mar é fresco e úmido, e a senhora poderá pegar um resfriado.

— Não estou nem um pouco com frio, acredite; só vou pegar uma manta.

— Não, não, vista uma roupa de lã, enquanto isso vou providenciar alguns bombons para Liza e Bóris. A mãe não permite que eles andem de barco, por isso não poderei levá-los.

A sugestão de agasalhar-se melhor foi expressa em tom tão imperioso que Mery, sem discutir mais, correu para o quarto; o doutor acompanhou a figura esbelta da moça e depois chamou Liza e seu irmão.

Já em seu quarto, Mery analisou rapidamente o que poderia vestir de mais quente e que lhe ficasse bem. Após chamar a camareira, mandou que esta lhe desse um vestido de lã com um quimono de mesmo tecido, com forro branco de cetim; resolveu ficar com o mesmo colar de cristal de rocha que usara de dia. Tudo posto, ela se olhou no espelho. Sem se dar conta dos motivos, não queria se mostrar naquela noite muito atraente nem agradar e, tendo se olhado no espelho, ficou satisfeita com a aparência. Feliz, desceu ao terraço, onde encontrou junto à escada Vadim Víktorovitch aguardando.

— Bem, agora eu já não receio que a senhora se resfrie – disse, sorrindo.

Eles desceram à praia e se acomodaram no barco. O mar dormitava calmamente e o luar modorrento e mágico naquela noite inundava tudo como que com luz de dia. Eles ainda estavam perto da margem, quando Mery observou:

— Ah, que pena que não estou com o bandolim, senão eu lhe cantaria uma canção italiana que aprendi com o nosso gondoleiro, quando estive com minha mãe em Veneza no ano passado. Ali as noites também são maravilhosas e nós andávamos de gôndola no *Grande Canale*.

— E a senhora não sabe cantar sem bandolim?

— Não, nunca cantei sem acompanhamento.

— Neste caso eu posso buscar o instrumento, já que não estamos longe da margem.

Sem esperar pela resposta, com algumas remadas ele acostou o barco no cais da baía, amarrou-o e subiu com destreza a escada. Mery acompanhou-o com os olhos e pensou, dando de ombros: "Ele não me parece velho... Gostaria de saber por que Anastácia Andréevna insiste em dizer que ele é velho..."

Poucos minutos depois, Vadim Víktorovitch retornava com o bandolim que lhe foi dado pela camareira, e Mery, após um pequeno prelúdio, começou a cantar uma barcarola italiana. Sua voz não era potente, mas o timbre aveludado tinha sido trabalhado em boa escola e ela cantava com paixão.

Com uma estranha emoção, ouvia-a Zatórsky, sem desgrudar os olhos do rostinho encantador da jovem. Ele fez, involuntariamente, uma comparação entre a baronesa, mulher já murcha, e aquela flor primaveril, que mal acabara de desabrochar.

Os sons de sua voz maravilhosa e acariciante seduziam-no; os elos que o uniam à baronesa pareciam-lhe pesados feito chumbo.

Quando Mery terminou, ele pediu que ela cantasse mais, o que ela fez de boa vontade; o doutor ouvia-a cada vez mais enlevado. Naquele momento, ele esqueceu completamente os projetos judiciosos expostos à tia, no que tangia a seu futuro, e lhe parecia que a posse daquele ser jovem e puro seria uma felicidade inebriante.

Mery também estava emocionada; o passeio de barco a dois deixou-a extasiada e seus olhos alegres fitavam carinhosamente o acompanhante. Vadim Víktorovitch apresentava-se-lhe agora um homem diferente do que era na presença da baronesa; sua fria indiferença sumira, o sorriso cativante aformoseava e rejuvenescia seus traços, os olhos ganhavam vida como se descortinassem, da máscara de um cientista impassível e fechado, um homem de verdade, cuja alma se afinava com todas as fraquezas e paixões próprias a um mortal.

Falaram inicialmente pouco e ambos encontravam-se sob o encantamento dos sentimentos que deles se apoderaram. O doutor foi o primeiro a quebrar o silêncio.

— Está na hora de deixarmos o mundo encantado e voltarmos à realidade prosaica – disse ele, sorrindo e orientando o barco para a margem.

Quando Mery saltou para a plataforma do cais, de seus cabelos caiu uma rosa vermelha que lhe enfeitava a cabeça.

Vadim Víktorovitch levantou a flor e perguntou, acolchetando-a ao botão:

— Posso ficar com ela?

Mery balançou a cabeça afirmativamente, mas o olhar dele, que acompanhou a pergunta, era tão enigmático que ela enrubesceu e, para sair do embaraço, disse apressada:

— Agradeço-lhe, Vadim Víktorovitch, pelo prazer a mim proporcionado.

— O prazer foi mútuo – tornou ele, retendo por instantes a mão estendida.

Voltando ao quarto, ele abriu a janela, recostou-se no parapeito e pôs-se a cheirar pensativamente a rosa. E como que da fragrância da flor, em sua mente revolveram-se pensamentos tempestivos. Em sua imaginação assomou-se a imagem de Mery, tal como a vira há pouco: encantadora como a própria personificação da sedução. Involuntariamente, ele tornou a comparar sua cútis branca com a fisionomia borrada da baronesa; os olhos grandes, claros e alegres de Mery, com o olhar diabólico da outra, com sua insuportável e vulgar sensualidade. Neste minuto, sua amante lhe dava, decididamente, náuseas. Aquela bruxa lhe tolhia o caminho à felicidade e não o deixaria escapar de suas garras; seus conselhos de casar eram um embuste: para impedir-lhe o acesso ao coração da criança maravilhosa ela zombaria dele na presença de Mery...

Ele se pôs de pé e começou a andar nervosamente pelo quarto. Sua natureza, porém, equilibrada e sensata, logo o fez recompor-se; afundando-se na poltrona e enxugando a testa molhada, ele se pôs a meditar: "Devo estar ficando louco... Como posso entregar-me a tais pensamentos absurdos? Sou realmente velho para essa menina. Jamais poderei ficar livre da baronesa; o pólipo pegou-me firme e será minha Nêmesis pelo ato ignóbil... E por que eu me fui envolver nessa torpeza?...

Sombrio e nervoso, levantou-se e foi dormir.

Sob a impressão do passeio noturno, Mery não conseguia conciliar o sono e pensava em Vadim Víktorovitch; ela comparava o doutor com seus dois fãs: o marinheiro e Eric Rautenfeld, e – coisa estranha – sua preferência caía em Zatórsky. Sem dúvida, ele era mais belo e mais atraente do que os dois; seu coração disparava ao se lembrar da expressão enigmática de seus olhos, de seu fulgor descortinando o mundo desconhecido, e que jamais brilharam assim na presença da baronesa...

No dia seguinte, no desjejum, Vadim Víktorovitch reassumiu o seu tom habitual, ainda que estivesse mais alegre. Jogou críquete e tênis com as crianças, andou de pernas-de-pau; Mery, alegre, ligou-se a ele, esquecendo-se até de quanto era mais jovem de idade.

Após brincar com bola, Bóris, enxugando a testa molhada, perguntou resfolegando:

— Tio Vadim, por que a mamãe sempre diz que você é um velho? Você corre tão rápido e suas pernas não são piores que as nossas.

Mery desabou em gargalhada; o doutor virou-se e a fitou nos olhos.

— Maria Mikháilovna, a senhora também me acha muito velho?

— Absolutamente, acho o senhor jovem – respondeu ela, corando intensamente.

— Obrigado. E para confirmar seu testemunho, convido-a para mais uma partida de tênis.

O dia passou alegre. Todos acabavam de tomar chá, quando, para surpresa geral, apareceu a baronesa, esperada somente para o dia seguinte. Ela explicou que a doença do pai era um alarme falso e que o velho estava bem, de modo que se apressou em voltar.

A presença da baronesa influiu no humor de Vadim Víktorovitch: ele parou de rir e tagarelar e se recusou a brincar com a bola, quando as crianças foram chamá-lo.

— Por que o senhor não vai? Vá, vá! Na sua idade é saudável movimentar-se, vez ou outra.

As palavras pareciam joviais e de brincadeira, mas no tom e no olhar sentia-se uma zomba maldosa. Devido ao gesto brusco da recusa, Mery deixou o terraço com as crianças. Assim que eles ficaram longe da vista, Vadim Víktorovitch pôs de lado o prato com morangos, que estava segurando, e, todo vermelho, virou-se para a baronesa, franzindo o cenho.

— Insisto, Anastácia Andréevna, abstenha-se de brincadeiras de mau gosto. Não me considero uma velharia e tão decrépito para ser motivo de assombro quando faço algum exercício.

A baronesa escangalhou-se num riso exagerado e bateu-lhe jovialmente no ombro.

— Acalme-se, meu querido! É claro que o senhor não é velho, mas se resolvesse pular e correr como Liza, Mery e Bóris, que aliás poderiam ser até seus filhos, seria engraçado. Mery, é verdade, está com dezoito anos e é linda; pensei até em sugeri-la para sua noiva, mas depois me convenci que, infelizmente, ela é muito ingênua e nova e, decididamente, não servirá de esposa para um homem tão sério. É possível, inclusive, em vista de tanta diferença de idade, que nem os seus pais concordem, ainda mais por algumas alusões de Anna Petrovna, dá para adivinhar em quem eles fizeram sua escolha. Mas falemos de outras coisas; esqueci de lhe dizer que amanhã teremos visitas. Encontrei Paul Nordenskiold e o convidei, junto com os seus primos também marinheiros, a passar alguns dias em Zeldenburgo. Precisamos distrair a juventude; nós dois somos um pouco velhos para isso.

O doutor ouviu mudo aquela tirada jovial, em tom inocente, mas sentiu as garras afiadas como que, sem querer, arranhando, aludindo à diferença das idades que o separava da beleza e juventude apreciadas por ele. Neste momento ele sentiu quase um ódio à mulher maçante e envelhecida, cuja língua viperina se interpunha para cavar um abismo entre ele e a criatura encantadora que turbilhonava em sua imaginação feito espectro tentador. Parecia-lhe ser oprimido por um peso invisível que escurecia e cobria tudo, o sol e a alegria que o tinham ofuscado no dia anterior e ocupado o seu coração. A verdade nua e crua, que era atirada inclementemente em seu rosto, dizia: "Você é um velho e seria criminoso atar-se àquela flor primaveril". E ele tanto queria ser jovem, só para ela e ninguém mais!...

Sobreveio um prolongado silêncio. O doutor pegou um jornal e parecia absorto na leitura; a baronesa comia os morangos, folheando uma revista de moda que trouxera da cidade.

Passou-se talvez cerca de meia hora, quando se ouviu o barulho das vozes e, um minuto depois, Mery e Bóris entraram correndo pelos degraus da escada e, resfolegando, pararam diante do médico.

— Vadim Víktorovitch, venha brincar conosco! Chegaram as duas filhas do administrador com o irmão, um estudante. Vamos, vamos! O senhor organiza tão bem os jogos! – suplicou Mery, enquanto Bóris pendurou-se no pescoço do doutor.

Ao ver que ele estava calado em sua indecisão, Mery dirigiu-se à baronesa.

— Anastácia Andréevna, diga para Vadim Víktorovitch brincar com a gente! Por favor!

— Mas, minha criança, eu não tenho nenhum poder sobre ele e não o seguro; que vá brincar com os jovens se isso for de seu agrado! – disse a baronesa, forçando um sorriso.

O doutor não a ouvia; só via os dois olhos maravilhosos de Mery a ele levantados com súplica e meiguice. Cedendo à sua sedução, ele se levantou e a companhia travessa o levou embora.

Anastácia Andréevna continuou sentada sombria e aparentemente com raiva: não fora convidada para participar dos jogos. Por quê? Consideravam-na velha demais? Subitamente sentiu um peso nas pernas. Claro, aquilo seria apenas uma fraqueza nervosa após a viagem; aliás, era melhor até não participar das brincadeiras... E se ela se fosse muito lerda ao correr? Seria risível!... Mas ela haveria de vencer.

Quando os gritos e as vozes alegres dos foliões anunciaram que a animação estava no auge, a baronesa se levantou e recostou-se no corrimão. O jogo passava-se numa área coberta de areia, perto do terraço, e o seu olhar pregou-se em Vadim Víktorovitch. Como ele era ágil e rápido, sem perder para os mais jovens! Uma expressão de inveja e maldade transfigurou o rosto da baronesa. De fato, ele era ainda jovem e poderia pretender a mão de uma moça de dezoito anos, sem risco de tornar-se ridículo; só que isso ela jamais permitiria.

A noite passou animada e já era bastante tarde quando Mery voltou ao quarto, cansada e afogueada; estava sem sono e pretendia escrever algumas cartas. Tirou a roupa, vestiu-se num penhoar, dispensou a camareira e sentou-se em sua saleta de estar.

O quarto saía para o jardim e, da janela, divisava-se a galeria que unia o velho castelo com a ala nova; ali se instalara o doutor e, provavelmente, ele estava lá naquele momento, pois através das janelas iluminadas e estores abaixados delineava-se a sombra de uma pessoa, andando para frente e para trás.

Ao terminar três longas cartas: para o pai, a mãe e a tia, Mery resolveu deitar-se, já que passava de duas horas. Ela apagou a lâmpada, mas, querendo ainda deleitar-se do ar, abriu a janela e respirou várias vezes a plenos pulmões o aroma fresco e puro da noite. As janelas de Vadim Víktorovitch continuavam iluminadas, sinal de que ele estava trabalhando. "Como ele é gentil e encantador quando o quer!" – pensou Mery ao se lembrar da noite passada tão alegremente. Subitamente ela estremeceu e recuou. Na galeria assomou-se uma figura feminina que, provavelmente, dirigia-se ao quarto do doutor. O talhe, como um todo, era bem conhecido de Mery e, logo, atrás dos estores abaixados se delinearam duas sombras.

Mery ficou imóvel, sem desgrudar os olhos dos estores, que já não refletiam ninguém; uma sensação pungente e amarga, jamais antes sentida, assaltou-lhe o coração. Então era verdade o que todos diziam: aquela insolente visitava à noite um homem estranho. E, se ele a recebia, significava que ele a amava...

Lágrimas ardentes rolaram de seus olhos e o coração palpitou em sentimento próximo ao ódio. Que nojo! Aquela decaída, deteriorada pelo tempo, toda pintada, mãe de dois filhos, tinha um caso amoroso; ele, desprezível e desleal, trai desaforadamente a confiança do amigo ausente!... Mery não tinha a consciência de que o novo e doentio sentimento era ciúmes; ela não imaginava que sua indignação era fruto daquilo.

Dando as costas, Mery deitou-se na cama. Oh, como desprezava aquele casalzinho imundo; sem dúvida, ela haveria de mostrar ao doutor despudorado que ele simplesmente não existia para ela. Ainda bem que amanhã haveria visitas!

# IV

De manhã ela acordou tarde e pediu que lhe servissem o café no quarto. Nástia, sua camareira, anunciou-lhe que para o almoço estavam sendo esperados muitos hóspedes: a baronesa recebera alguns telegramas sobre a vinda de amigos e, para a estação, foram enviados coches.

O almoço foi marcado para as duas horas; à uma estavam aguardados os marinheiros e outras visitas. A irritação de Mery contra Vadim Víktorovitch não havia amainado; tinha a intenção de flertar com Nordenskiold, sabendo não lhe ser indiferente, e incendiar-lhe a paixão não seria difícil. Sua toalete era a principal arma da conquista e assim ela se pôs a vestir-se com esmero. Colocou um vestido branco de fular, ricamente bordado, com acabamento em renda e cingido por cinta branca de seda; calçou sapatos brancos de couro. Após breve reflexão, resolveu deixar o seu traje branco com mais vida e acrescentou o colar de coral rosa; à cintura e aos cabelos acolchetou feixes de rosas brancas. Ao término do reexame do seu aspecto sedutor no espelho, veio a camareira, anunciando a chegada de uma parte das visitas.

Saindo para o terraço, Mery viu entre os convidados o general Sómov, amigo e primo de seu pai; alegrou-se e surpreendeu-se com sua presença, pois o julgava estar passando férias em sua propriedade no sul da Rússia.

— Tio Pétia, que surpresa! – exclamou, beijando o velho general, que gostava muito dela e a mimava.

— Vim por esses lados a serviço. Ao saber que a baronesa se encontrava aqui, passei para vê-la e descobri que você também estava.

Com um sentimento de nojo ciosamente dissimulado, Mery beijou a baronesa, cumprimentou os convidados e, corando levemente, estendeu a mão ao doutor. Severo e impassível como sempre, ele estava fumando junto à balaustrada. Logo vieram os três marinheiros e outras visitas e todos passaram para o refeitório.

A baronesa fez Mery acomodar-se ao lado de Paul Nordenskiold, e este lhe encetou uma veemente corte, sem esconder sua admiração. Mery ria, tagarelava, flertava e, aparentemente, aceitava benevolente os sinais de atenção do vizinho da mesa. Do outro lado, quase em frente, estava sentado Vadim Víktorovitch, perto de uma dama de idade indefinida e toda maquiada; mas ele lhe dispensava tanta atenção, quanta seria necessária pelo respeito e, absorto pelos pensamentos, parecia não perceber seu coquetismo. Por vezes, seu olhar sombrio detinha-se em Mery; imediatamente, ela perdia a concentração, embaraçava-se e dava respostas despropositadas às amabilidades do vizinho.

Depois do almoço, Anastácia Andréevna sugeriu que todos dançassem. A anfitriã estava no melhor de seus humores e bastante encantadora em seu vestido de gaze, com laços verde-esmeralda em seus cabelos ruivos; uma maquiagem caprichosa contribuía para aformosear-lhe a aparência.

No andar térreo do castelo havia um salão que a baronesa havia transformado num salão de concertos; ali ficava o piano, e *mademoiselle* Doberon, a governanta, ofereceu-se para tocar. Até a baronesa deixou-se convencer para participar das danças e, após alguns turnos de valsa, convidou, sorrindo, Vadim Víktorovitch; este, porém, declinou friamente e afastou-se até a porta da entrada, onde se recostou à batente e cruzou os braços. Ele fixou seu olhar em Mery que, leve e graciosa, passava de um cavalheiro a outro, constantemente rodeada por admiradores. Ao se ver perto do doutor, Mery captou-lhe o olhar triste e desanimado. Ele estava mais pálido que habitualmente e na expressão de seu rosto havia tanta resignação amargurada, que Mery esqueceu imediatamente sua raiva. Por que ele, um homem ainda jovem e bonito, teria de ficar alheio às alegrias da vida? E no coração de Mery espetou-se subitamente uma enorme pena por ele; lágrimas lhe embargaram a garganta e, simultaneamente, em seu coração assomou-se raiva contra a baronesa. Enquanto ela dançava e representava uma mulher jovial, zombava dele e o tomava por velho. Comovida, Mery rendeu-se ao primeiro ímpeto. Assim que o seu cavalheiro a deixou ao lado da cadeira, ela se levantou e correu até o doutor; suas faces ardiam e a decisão e o embaraço se alternavam na expressão de seus olhos.

— Ainda que não seja um costume a dama convidar o cavalheiro, acredito que o meu gesto pode ser justificado em se tratando de um homem de ciências sisudo – pronunciou meio constrangida e meio maliciosa.

O doutor empertigou-se embaraçado.

— Agradeço, Maria Mikháilovna, mas não danço mais. Primeiro, isso seria ridículo na minha idade, depois, eu desaprendi a dançar...

— Ah, Vadim Víktorovitch, não venha com essa desculpa de que é velho; o senhor não o é – interrompeu-o, rindo.

– Vamos, vamos, prove a todos que o senhor sabe dançar tão bem como receitar remédios aos pacientes.

Seu lindo rostinho era tão persuasivo, que o doutor não hesitou mais e, cingindo-lhe a cintura, eles se misturaram a outros dançarinos. Ele dançava bem e o formoso casal logo concentrou a atenção de todos. O palor súbito da baronesa, nem o seu reboco conseguiu disfarçar; dominando-se, todavia, ela se pôs a bater palmas extasiada e gritou pelo salão:

— Bravo, bravo! Vejam só o nosso carrancudo professor! Está remoçado em vinte anos e dança leve feito uma pluma.

O resto das damas também aplaudiu Zatórsky e ele teve que dançar com todas. Finalmente parou, enxugou a testa molhada e anunciou rindo:

— Por hoje chega, *mesdames*!

Às nove horas, todos jantaram e o doutor logrou o intento de se sentar perto de Mery. Ele estava alegre, comunicativo e animado como nunca; a baronesa, ainda que fingisse alegria, estava nervosa e irritada. Às dez horas os hóspedes se dispersaram; Zatórsky despediu-se também, pois queria pegar o trem noturno para Petersburgo. Ao se despedir, ele anunciou que viria na semana seguinte, já de férias.

— Por seis semanas eu não vou querer ver nenhum paciente – acrescentou ele, arrancando risos dos presentes.

Quando uma semana depois o doutor retornou ao castelo, a governanta, com a cabeça atada, anunciou-lhe em voz rouca que a baronesa não estava em casa havia dois dias e chegaria com o último trem.

— O que há com a senhora? Por que a sua cabeça está enfaixada? – perguntou o médico.

— Estou com uma terrível dor de dente e o meu ouvido esquerdo lateja – respondeu *mademoiselle* Dobero, lamuriosa. – Isso não é nada, pior estão Liza e Bóris, que estão com tosse; e *mademoiselle* Mery também está mal: tem febre e dor de cabeça. Eu lhe dei limonada com rum, mas não ajudou.

— Aqui parece um hospital. Como é que vocês se resfriaram todos?

— Foi na véspera da partida da *madame*. Ela nos levou para passear na praia, estava frio e começou a chover. Voltamos molhados e congelados até os ossos, pois havia um vento frio soprando do mar.

— E Maria Mikháilovna já foi dormir? – inquiriu ele, balançando a cabeça.

— Ainda não, está em seu quarto. Ela queria tirar uma soneca por causa da terrível dor de cabeça.

— Avise-a que vou passar para examiná-la, enquanto isso vou ver Liza e Bóris.

A notícia da vinda de Vadim Víktorovitch perturbou Mery, ainda que estivesse realmente mal; sua cabeça estava em chamas e o corpo era percorrido por arrepios glaciais. Ela se trocou, colocando um penhoar de flanela rosa com forro de seda e uma larga gola rendada.

Com a chegada do doutor, ela se levantou e estendeu a mão abrasada. Vadim Víktorovitch balançou a cabeça, mediu seu pulso e depois pediu permissão de lhe auscultar o peito. As faces de Mery incenderam-se vivamente e tentou opor-se; entretanto, com uma insistência branda mas inflexível, usual ao médico em relação aos pacientes, ele observou sorrindo:

— Não fique envergonhada, Maria Mikháilovna! Sou um médico velho.

Mery desabotoou o penhoar, mas, quando Zatórsky lhe encostou o ouvido no busto, seu coração disparou.

— Essa sua taquicardia é freqüente? – perguntou ele, levantando a cabeça e fitando perscrutador seus olhos constrangidos.

Mery nada disse, pois sua garganta embargou-se de sentimento de vergonha, medo e embaraço. Ela se sentia sem jeito: e se ele adivinhar que a perturbação fora causada por sua presença? Ante aquele olhar profundo e perscrutador, que parecia ler-lhe os pensamentos mais recônditos, ela não pôde dominar-se e desatou em pranto. Com expressão enigmática, Vadim Víktorovitch fitou o rostinho cheio de lágrimas, depois pegou a manta, cobriu com ela Mery e levantou-se.

— Vou buscar um termômetro para medir sua temperatura e depois lhe darei um calmante. Agora, fique tranqüila!

Mal ele saiu do quarto, Mery atirou-se no sofá, enterrou o rosto na almofada e começou a chorar.

— Meu Deus, meu Deus! Ele deve ter desconfiado que foi a sua presença que me deixou tão perturbada; ele ouviu o meu coração bater acelerado. O que pensará de mim, já que gosta da baronesa? Não passo de uma menina para ele. Oh! Por que eu vim para cá?... E lágrimas continuaram a rolar.

Um quarto de hora depois, Vadim Víktorovitch retornou com termômetro, gotas de calmante e comprimidos, sem notar, pelo visto, os olhos vermelhos de Mery; mas, quando o termômetro acusou quarenta graus, ordenou que ela deitasse imediatamente e acresceu:

— A senhora está com uma gripe séria e vai passar alguns dias de cama.

— Oh, não pensei que iria me esfriar tanto só porque tomei uma chuva – lamuriou-se Mery.

— Espero que fique boa logo! Tente dormir; à meianoite eu passarei de novo. Até breve!

O doutor estava ocupado com Liza e Bóris que tinham febre e tosse, quando chegou a baronesa, cujo aspecto era deveras lastimável; ela mancava e uma de suas faces estava inchada, entortando-lhe o rosto. Ao vê-la, Zatórsky não conteve uma gargalhada.

— A senhora também está pagando pelo seu passeio maravilhoso? Pelo visto, terei bastante trabalho nas minhas férias.

Constrangida e contrafeita, Anastácia Andréevna teve de se deitar. Verificou-se que o seu pé e o joelho também estavam inchados; um dos braços ela não podia mover e, além de tudo, estava com terrível coriza. O médico achou por bem mandar um criado à farmácia em Revel, para buscar alguns medicamentos.

Por volta da meia-noite, Zatórsky foi ao quarto de Mery; ela dormia um sono sobressaltado e estava em brasas. A febre colorira suas faces e ela estava maravilhosa, dormindo; suas tranças densas e compridas projetavam-se sobre o cobertor e os cílios lanosos lançavam sombra sobre as faces. O doutor inclinou-se sobre ela e o coração bateu acelerado. Não querendo perturbá-la, sentou-se na cama, admirando aquela criatura; pensamentos tempestuosos agitavam sua mente. Se esta encantadora criança de fato o amava, para a felicidade de ambos, não seria o caso de abrir a mão da falsa concepção de que ele era velho para ela?... Porém, antes de arrebatar aquele ser puro e inocente, ele deveria se livrar dos grilhões desonrosos, destruir aquele estranho e fatídico poder da baronesa sobre ele. A luta seria renhida, mas teria de ser vencida, se quisesse ter a liberdade de dizer a Mery: "Perdoe e esqueça o passado, pois eu não a conhecia antes"! Por outro lado, transpondo esse obstáculo, diante dele se descortinava a felicidade desanuviada...

Mery continuava a dormir; ele saiu silenciosamente.

Uma semana depois, todos os pacientes da casa estavam de pé e, quando se reuniram em volta da mesa do almoço, fizeram questão de brindar pela saúde do médico. A baronesa também rendeu-lhe agradecimento e até fez um pequeno discurso emocionante, onde se expressava a gratidão geral.

Mais tarde, do castelo apoderou-se uma atmosfera pesada como que prenunciando uma tempestade, externamente acolhendo uma alegria despreocupada. A baronesa estava inquieta e atormentada por ciúmes; experimentava a sensação de que o homem a quem amava apaixonada e obstinadamente estava lhe escapando. Já alguns meses antes, ela sentiu que Vadim Víktorovitch se incomodava com o relacionamento e, agora, ele estava arrebatado por uma moça sedutora, por ela mesma colocada despropositadamente em seu caminho.

Sim, realmente, Mery agradava Zatórsky como nenhuma outra mulher, e que ela o amava também, era claro para ele – um médico acostumado a ler a alma humana. Os inocentes olhinhos que se acendiam em sua presença traíam os sentimentos de Mery. A doença dela aproximou-os. Ela ficava aguardando impaciente aquelas horas, de manhã e à noite, quando Vadim Víktorovitch costumava visitá-la, quando ele se sentava junto à cabeceira e conversava com ela jovialmente. Sentia-se feliz, acalmada e torcia para que ele não fosse embora nunca mais.

De um modo imperceptível, o sentimento do doutor em relação a Mery deu lugar à paixão, ainda que ele tentasse se dominar a todo custo e ocultasse seu amor, pois não conseguia vencer o medo e as dúvidas insistentemente alimentadas pelas palavras maldosas e maliciosas da baronesa. Ela não perdia a chance, fosse oportuno ou não, de afirmar que não existia nada mais perigoso e funesto do que um casamento desigual. Um marido muito maduro arrisca-se a entediar e tornar-se insuportável a uma esposa jovem que, tornada uma mulher feita, sentirá, é claro, seu coração desabrochando e instintivamente procurará o amor de um homem de sua idade. Tais discursos viperinos feriam o coração de Zatórsky, semeavam contradições em sua alma e lhe abalavam a energia, conquanto a baronesa se regozijasse intimamente, vigiando-o ciumenta.

Tal era a situação no castelo, quando veio a tia do barão, Elena Oreéstovna Bármina, uma viúva rica e independente, mulher evoluída, espirituosa e, apesar da idade, viva e hábil. Elena Oreéstovna nutria um ódio violento pela baronesa, ciente do papel que representava Vadim Víktorovitch na casa do sobrinho. Penalizava-a o barão por sua cegueira e confiança nas virtudes da esposa, tendo encarregado uma raposa para tomar conta do galinheiro. Contudo, Elena Oreéstovna tinha tato suficiente para não interferir em assuntos tão delicados e não exteriorizava os seus sentimentos. Ela gostava muito dos filhos do barão, sobretudo de Bóris, seu afilhado; sua intenção era passar cerca de duas semanas justamente com eles. Tinha amizade com os Suróvtsev de longo tempo, pois estes eram seus vizinhos de uma casa de campo. Conhecia Mery desde criança e surpreendeu-se muito ao encontrá-la no castelo da baronesa.

Todos ainda tomavam seu chá matinal, quando trouxeram o correio. O doutor e a baronesa examinavam as cartas, quando a generala deixou escapar um grito surdo e o jornal caiu-lhe das mãos.

— Meu Deus, o que houve? Qual foi a notícia? – ouviu-se de todos os lados.

— Nika Selivánov matou a esposa e o tenente Baluev – respondeu a generala, nervosa, e estendeu o jornal para o doutor. – Peço-lhe, Vadim Víktorovitch, leia os detalhes. Estou tão abalada. Pobre Nika! Que fim trágico!

Zatórsky pegou o jornal e à medida que lia um rubor intenso lhe cobria o rosto; entretanto, aquilo era um dos desfechos trágicos habituais dos dramas familiares. "O jovem engenheiro, Nikolai Petrovitch Selivánov, cinco anos de casado, estranhou, após ter voltado de uma viagem a negócios, as visitas demasiadamente assíduas do tenente Baluev; certos indícios confirmaram suas suspeitas quanto a uma relação secreta de sua esposa. Decidido pôr tudo em pratos limpos, ele inventou uma viagem e, voltando inopinadamente, flagrou os dois no local do delito. Tomado de fúria desesperada, sacou o revólver, matou a esposa e feriu mortalmente seu amante. Feito isso, ele se entregou à polícia e acha-se preventivamente preso. Os dois filhos, de três e de um ano, tornaram-se órfãos; a mãe de Baluev, que perdera o único filho, enlouquecera". Apesar de estar abalado, o doutor leu a nota em voz firme, deitou o jornal sobre a mesa e pôs-se a devanear. Eram da alta-roda os três heróis do drama e ele sabia que Selivánov era um parente da generala.

A baronesa foi a primeira a quebrar o silêncio opressivo.

— Selivánov foi um idiota e velhaco, matando duas pessoas por causa de ciúmes tolos; ademais, ele arruinou sua própria vida e, provavelmente, será condenado a trabalhos forçados – disse ela, desdenhosamente.

A generala enxugou os olhos marejados e levantou-se bruscamente.

— Não, minha querida, não é o marido traído o velhaco, mas sim aquele casalzinho, que recebeu o castigo merecido. Cedo ou tarde, o lamaçal acaba tragando os delinqüentes que acham ingenuamente que ninguém lhes nota sua sórdida perfídia. Como é que tendo dois filhos e marido maravilhosos, que eu conheço bem, ela arruma ainda um amante? Tenho pena da pobre Balueva; no entanto ele, um patife, que conspurcou um nome honesto, teve um castigo justo. Oh, meu Deus! Quantas mulheres e moças existem à disposição dos homens; por certo há onde se arrumar uma amante ou esposa, sem sacrificar um lar estranho e sem se esquecer do mandamento divino e velho como o mundo: "Não desejar a mulher do próximo".

Mery ouvia tudo empalidecida. Não acabaria o amor do doutor à baronesa também tão tragicamente?

— Meu Deus, querida, você parece perturbada! Que este caso lhe sirva de lição para o futuro; nunca empreenda intrigas tão perigosas. Este tipo de drama é causado pela devassidão da sociedade de hoje. Eu temia este desfecho há muito tempo. Selivánov me disse certa vez agastado: "Estou cheio deste Baluev; faço um esforço enorme para suportá-lo à mesa e cumprimentá-lo. Tenho ganas de atirá-lo pela janela ou quebrar-lhe o pescoço, ao ver a presunção com que flerta com minha esposa"...

— Sem dúvida, em se lidando com homem tão ensandecido, Baluev deveria desfazer seu caso com *madame* Selivánova. Ele era tão belo que podia encontrar facilmente uma outra – observou a baronesa, sombria e enraivecida.

— Desfazer? Oh! E como faria isso? Um homem nesta situação não se livra fácil, perecendo feito mosca caída na teia de aranha. Conheci um homem que vivia com uma mulher casada, mais tarde enviuvada. Uns quinze anos depois, ele se cansou dela e decidiu casar-se com outra; tudo estava pronto, quando uns dias antes do casamento o homem, que sempre gozou de boa saúde, morreu de infarto. Oh! As emboscadas amorosas são às vezes piores do que uma guerra.

O tom da generala era sarcástico e seu olhar revelava franco desprezo; a baronesa mal conseguia se conter.

— A senhora é demasiadamente apressada em tirar suas conclusões, Elena Oreéstovna – disse ela em voz rouca. – Por acaso a senhora conhecia a vida conjugal daquela mulher? Talvez esta lhe fosse insuportável e a coitada era infeliz; quando então o destino lhe enviou um homem que a entendia e confortava, ela, evidentemente, a ele se afeiçoou. É claro que ele poderia encontrar uma outra mulher que o amasse, mas ela, unida ao marido, uma escrava, fadada a arrastar a sua miserável existência, não quis que o seu esteio, sua âncora de salvação, dela escapassem...

— E feito uma jibóia preferiu estrangular seu consolador, ao invés de devolver-lhe a liberdade? – observou em tom severo a generala. – Não, minha querida, sua tese não vale nada. Quem impedia a "coitada" de se separar e de se casar com seu "consolador", o único que parecia compreendê-la, adoçando-lhe as horas de solidão, enquanto o marido suava a camisa para pagar seus vestidos e satisfazer os caprichos da "pobre vítima", propiciando-lhe todos os prazeres de vida ociosa? Temos é que ter pena do marido, compelido em sua própria casa a deparar-se a toda hora com um homem enamorado pela esposa, o qual não hesita em apertar a mão do marido e o chama de amigo. Tenho um profundo desprezo por pessoas como Baluev, incapazes de estabelecer sua própria família e que preferem, feito parasitas, instalar-se no ninho alheio, conspurcá-lo e, não raro, destruí-lo definitivamente.

A colher de chá tremia na mão de Vadim Víktorovitch; a baronesa estava possessa e seu rosto cobriu-se de manchas vermelhas. Em voz estridente ela guinchou:

— Seja como for, eu defendo esses dois infelizes, ambos mortos; não se pode jogar lama em suas sepulturas... E se entre eles houve apenas uma amizade pura, platônica? Se ele a visitava apenas para conversar, para distraí-la? Infelizmente, o mundo está cheio de coquetes decrépitas que não conseguem arrumar um amante e vivem invejando as jovenzinhas. Essas bruxas caluniam, armam escândalos familiares, enviam cartas anônimas e açulam os maridos inocentes; estes, não sendo tolos, simplesmente ignoram tais maledicências e continuam a gozar da felicidade e do amor de sua esposa, que lhe guarda a fidelidade.

A generala desfechou uma gargalhada de escárnio.

— A senhora raciocina como uma verdadeira estudante. Quando um homem estranho se gruda, feito emplastro, a uma mulher casada e passa com ela todo o tempo, somente pessoas muito ingênuas podem presumir uma amizade platônica. E, se o marido simplório se satisfaz com o amor hipócrita, tanto melhor para ele, e viva *le ménage à trois*! Mas deixemos de lado esses pormenores; nós esquecemos que a jovem Mery não deve ouvir tais polêmicas. Aliás, já acabei o meu desjejum e vou passear.

Ela se levantou, inclinou-se sorrindo amavelmente para os presentes, pegou a sombrinha e saiu.

Mery ouviu a conversa, pálida e constrangida; cada nervo seu tremia e o seu olhar não se despregara da generala, que ousara proferir aquelas verdades ao casal de enamorados, direto nos olhos. Quando Bármina saiu, Mery também se levantou apressada e, hesitante, disse que iria escrever uma carta para a mãe; ela ansiava por ficar sozinha e trancafiou-se no quarto. Ao sair do refeitório, ainda ouviu a voz esganiçada de Anastácia Andréevna:

— Velha víbora, que a sua língua maldita seque! E o que o senhor acha de todas essas alusões, Vadim Víktorovitch?

— Diria apenas que não é possível furar os olhos e calar a boca das pessoas – respondeu o doutor em voz rouca e entrecortada, afastando ruidosamente a cadeira e se dirigindo à saída.

Feito um tigre enjaulado, andava ele pelo quarto e tudo lhe fervilhava na alma; era a primeira vez que o despique o atingia: ele foi chamado abertamente de patife e ladrão da honra alheia e, pior – na presença de Mery. O que ela pensaria se soubesse em que lodaçal ele se metera? Seu amor seria motivo de desprezo. Ele estava atado à paixão animal da mulher odiosa, que não o largaria. Sua vontade era deixar tudo e fugir para não mais cruzar a porta daquela casa, mas a baronesa era bem capaz de fazer algum escândalo. Com um suspiro pesado, tirante gemido, ele se afundou na poltrona e apertou o rosto com as mãos.

Durante o almoço, a conversa sucedeu-se modorrenta. A baronesa mal podia conter a raiva que lhe fervia na alma, enquanto o doutor, tentando sair da situação embaraçosa, palreava com as crianças. Depois do almoço, ele as convidou, junto com Mery, a dar um passeio nas ruínas de um velho mosteiro. Anastácia Andréevna, até então taciturna e de cara amarrada, subitamente se referiu a um assunto financeiro muito importante, dizendo que teria de viajar na noite do dia seguinte para Petersburgo, e pediu que Zatórsky a acompanhasse, retornando no mesmo dia. Vadim Víktorovitch respondeu que havia prometido ir para Briguitovka e que não podia acompanhá-la na viagem.

— Mas as crianças poderão ir sem nós; eu preciso de dinheiro... daí a minha viagem.

— Tenho comigo dois mil rublos e posso lhe emprestar o que precisa; à cidade poderemos ir na semana que vem.

— Não, eu quero ir hoje e o senhor irá comigo – objetou a baronesa em tom desafiador.

— E eu lhe peço deixar-me aqui – replicou o doutor, contrafeito.

— Não, eu quero que o senhor vá comigo. Eu quero que o senhor vá! – gritava Anastácia Andréevna, corando feito pimentão vermelho.

O doutor nada disse, mas depois dessa discussão o almoço terminou em silêncio geral.

Após saírem da mesa, a baronesa e o doutor desapareceram e, uma hora depois, diante do portão do castelo encostou uma carruagem, onde adentrou, despedindo-se rapidamente, a baronesa e, um minuto após, Vadim Víktorovitch, que se acomodou junto dela.

Mery viu essa cena da janela e seu coração foi assaltado por tanta amargura que começou a morder o lenço para não desabar em pranto. Que feitiços secretos possuía aquela mulher depravada? Que poderes tinha para controlar o homem, aparentemente forte e orgulhoso, que a seguia feito um cão surrado? Bóris, que veio correndo para chamá-la para passear, interrompeu seus pensamentos e a fez dominar-se; pretextando, porém, uma forte dor de cabeça, ela se recusou categoricamente, e as crianças foram passear com a governanta, ficando Mery sentada num pequeno sofá no vão da janela. Ela se sentia quebrada e infeliz e, ao ficar sozinha, desabou em pranto.

De manhã e na hora do almoço, Elena Oreéstovna ficou observando Mery e, sem muita dificuldade, supõe-se, lia os sentimentos que lhe assaltavam a alma. Tinha uma pena sincera da jovem criatura, cuja paixão impensada lhe reservaria duros suplícios. Decidida a conversar com Mery e demovê-la do amor infausto, Elena Oreéstovna foi encontrá-la na saleta, em pose de profundo desespero. A generala sentou-se ao seu lado, atraiu-a a si meigamente e lhe deu um beijo no rosto.

— Pobre Mery, foi uma imprudência de seus pais deixá-la vir para cá. Estou vendo que você gosta do doutor; mas, querida criança, seria loucura confiar-lhe o seu coração. A baronesa jamais o deixará livre. Você ouviu o que eu falei àquela víbora asquerosa? Uma mulher honesta teria morrido de vergonha. Você acha que me agrada ficar aqui? Absolutamente. Faço este sacrifício por causa das crianças e, sobretudo, por causa do meu sobrinho. Com a minha presença aqui, eu quero evitar um falatório maior das pessoas. Maximiliano é um homem bom, íntegro e estudado; intriga-me, todavia, como essa mulher nula e devassa subjugou-lhe o coração, tirada da miséria, refugiada sob seu nome honesto de um passado duvidoso. É de se pensar em feitiçaria, a tal ponto é inverossímil que um homem inteligente, ponderado, acreditasse em suas juras de amor, das perorações do dever e das alegrias da vida conjugal e outras coisas maravilhosas, que ela repete feito papagaio.

— Não obstante, Vadim Víktorovitch a ama e faz tudo o que ela quer – sussurrou Mery, entre lágrimas.

Bármina balançou a cabeça e, após pensar um pouco, acrescentou:

— Vadim Víktorovitch é um excelente médico, um grande estudioso e sabe bem o seu ofício; entretanto... se ele está apaixonado por essa idiota horrível e ainda permite que ela o trate feito um criado, isso mostra até que ponto ele é um homem digno de pena. O que eu queria lhe dizer, Mery, é que, infelizmente, você se apaixonou por um homem indigno de seu coração; a personalidade moral dele difere de tudo que você tem sonhado. Um casamento, Mery, pode reservar muitas surpresas. Por enquanto, você é incapaz de compreender todos os expedientes de que uma mulher feia e tola lança mão para arrebatar um marido ou amante e, o que é mais importante, estes permanecem, por anos, fiéis a ela, cegos em vislumbrar uma outra mulher bonita, jovem e inteligente. Um fato irrefutável: mulheres já maduras e desprovidas de qualquer encanto saem, não obstante, vencedoras e conservam seus adoradores.

— Qual é o segredo para que tais mulheres consigam isso? – perguntou Mery, sofregamente.

— O segredo é que existem homens indiferentes ao amor honesto e puro, dando mais importância às paixões vulgares e voluptuosas de mulheres experientes, que lhes saciem seus pendores lascivos. A maneira como a baronesa trata o doutor inclina-me nele presumir um homem dissoluto por natureza, em busca de uma amásia que lhe satisfaça os prazeres. Ainda resta uma questão: dará Zatórsky o devido valor ao amor que você nutre por ele? Não estará lhe reservando esta paixão apenas desgostos e humilhações? Ouça o meu conselho, querida criança: arranque do coração este sentimento que ainda não lançou as raízes e não se deixe enganar por ilusões.

Mery, é claro, não conseguiu assimilar todas as palavras de Bármina, mas uma coisa ficou clara: Vadim Víktorovitch era um homem devasso, e ela, apesar de sua beleza e juventude, não podia competir com a baronesa. Lágrimas copiosas rolaram por suas faces.

— Jamais me casarei então; se amo um homem tão imprestável, cujo coração não consigo conquistar, ficarei sozinha. Nem papai nem mamãe vão poder me obrigar a casar com quem eu não gosto.

— Que tolices está dizendo, Mery – riu, involuntariamente, Elena Oreéstovna. – Enterrar seu futuro brilhante, uma vida inteira, por causa de um homem sórdido que passa ao largo de uma rosa, preferindo um cardo?

— Meu Deus, acho-o tão belo e atraente! – sussurrou Mery.

— Tire os óculos cor-de-rosa e olhe-o à luz do dia, atolado em fossa de esgoto, onde ele indiscutivelmente se afogará. O ar daqui não lhe faz bem, querida; vou escrever para o seu pai...

— Não, não, Elena Oreéstovna, não escreva nada, eu mesma o farei, pois acho que a senhora tem razão. Agradeço-lhe os bons e sensatos conselhos. Consciente de que não posso rivalizar com Anastácia Andréevna, eu me subjugarei e farei o possível para dominar o sentimento indigno. Bem, permita-me voltar para o meu quarto; de todas essas emoções me dói a cabeça.

A generala beijou-a e disse meigamente:

— Vá, *chère enfant*, descanse e não recue de sua decisão boa e sensata. Ore para Deus, e Ele a auxiliará!

Mery voltou ao quarto muito perturbada. Ela se enfiou no canto do sofá e tentou pôr os pensamentos em ordem. Enquanto ficou analisando as palavras de Bármina, recordou-se, de repente, de um romance escabroso que lera em segredo dois anos antes. Ao descobrir que a governanta lia antes de dormir um certo livro, cuidadosamente escondido, a esperta e curiosa menina surrupiou e devorou-o rapidamente, sem ser notada. No romance, apenas interessante pelo seu conteúdo sujo, descreviam-se as aventuras de uma dama de idade mediana, casada e muito feia, mas com corpo sedutor. Essa mulher, heroína da narrativa, encontrou num baile de máscara um jovem e bonito aristocrata, casado com uma jovem bonita que, aliás, não sugeria ao marido nada além da indiferença; este andava cheio e desiludido da vida. A despeito de tudo, ele se rendeu à sedução da picante Colombina, que o levou ao escritório do restaurante e, ali, após um lauto jantar, a dama se despiu e dançou em trajes de Eva. O marquês se esqueceu completamente de sua cara horrível e apaixonou-se por ela perdidamente, embevecido pelas curvas maravilhosas de seu belo corpo. Aquilo que não conseguiu alcançar a sua bela esposa, ou seja: sacudir e tirá-lo do estado da indiferença, conseguiu realizar uma mulher horrorosa. Finalmente, ela pôde dominá-lo tanto, que ele largou a esposa e começou a viver com a amante, tornado-se seu fiel escravo.

Ao acabar de ler aquele romance, ele pareceu a Mery tolo, sórdido e absurdo; mas, agora, ela o via diferente. Aparentemente, os personagens foram tirados da vida real e, talvez, aquele marquês frio, presunçoso e entediado era um protótipo do doutor Zatórsky, da mesma forma devasso e voluptuoso, sob a mesma máscara da discrição severa.

Nisso, ela também se lembrou da visita noturna da baronesa ao quarto do doutor. O que ela ficou fazendo ali durante tanto tempo? Talvez ficasse dançando nua e esse seria o meio de seu domínio sobre o doutor. Mery estremeceu de nojo. Sim, ele seria posto para fora de seu coração e esquecido; ele que fique o quanto quiser com aquela sem-vergonha. Tal resolução, aliada ao lampejo de desprezo, fez com que recuperasse a calma e o autocontrole. Mais tarde, ao chegarem Nordenskiold e algumas outras visitas, ela desceu à sala de estar, alegre e amável.

A noite passou tão agradável, que Mery se esqueceu de suas ansiedades e divertiu-se muito. Quando todos se dispersaram, Elena Oreéstovna beijou-a e disse no ouvido:

— Bravo, assim que eu gosto!

# V

A baronesa voltou só no dia seguinte, trazendo numerosos pacotes, confeitos, frutas e outras guloseimas.

Mery permaneceu no quarto e apenas saiu na hora do almoço. Ela sentia nojo daquele casal desprezível e era assaz moça e inexperiente para esconder seus sentimentos. Sua circunspecção fria à mesa, a aversão mal contida com que recusava os doces e os *pirojki*[5] oferecidos por Zatórsky, bem como as breves e as secas respostas às palavras a ela dirigidas – tudo saltava aos olhos e revelava a mudança que nela se processara.

Após o almoço, pretextando cansaço, Mery foi para o quarto; Bármina também se retirou, enquanto as crianças foram brincar no jardim. A baronesa ficou sozinha com o doutor e os dois passaram para a sala de estar.

— O que está havendo com Maria Mikháilovna? Está estranha. Não quis nem comer seus *pirojki* preferidos e evitou as conversas – balbuciou sombrio Vadim Víktorovitch.

---

(5) Plural de pirojók; espécie de pastel assado no forno, normalmente recheado com carne ou repolho. (N.T.)

A baronesa soltou uma sonora risada de escárnio.

— O senhor é ingênuo, meu amigo. Será que não entendeu que aquele crocodilo da Elena Oreéstovna, que veio só para nos vigiar e difamar, valeu-se de nossa ausência para abrir os olhos daquela boba? Não dê uma de escolar, meu querido Vadim. O senhor sabe perfeitamente que a menina está apaixonada; isso é perigoso. Na idade dela, apaixona-se fácil por qualquer homem atraente. A digníssima Elena Oreéstovna, sabedora daquilo que todos sabem, contou-lhe algo picante, desenhando um quadro repulsivo do relacionamento íntimo de dois patifes. Há-há-há!

Vadim Víktorovitch levantou-se bruscamente e afastou ruidosamente a cadeira. Estava pálido, seus lábios tremiam nervosamente.

— Pare, por favor, com suas brincadeiras tolas e maldosas! Mery não me ama; tem dezenas de admiradores brilhantes de sua idade para escolher, bonita que é e jovem. Quem sou, afinal? Um médico como milhares de outros; mesmo na sociedade não represento nada. Depois, permita-me dizer, com minha vida invadida, não tenho ilusões quanto ao meu futuro; perdi qualquer esperança de um dia me casar. Sou alvo de escárnio da sociedade e qualquer pessoa íntegra está no direito de me chamar de canalha que conspurcou um nome honesto. Como hei de ter a mão de uma jovem inocente? Que pais não pensarão duas vezes antes de entregar a sua filha, correndo o risco de atrair o ódio da amante rejeitada? Assim, pare com suas provocações, não estou disposto a suportá-las.

Verde de raiva e perplexidade, ouviu-o a baronesa; suas últimas palavras e o olhar de desprezo que as acompanharam parecia atingirem-na como vergasta.

— O senhor deve estar louco, meu querido – tornou ela, rindo. – Por acaso o estou segurando? Por favor, procure sua felicidade em outro lugar! Estou cheia de seus caprichos, ingratidão e vulgaridades. Se a sua vida de solteiro lhe é enfadonha e o senhor está apaixonado, conseguirei a anuência daquela menina.

Ela se levantou, inclinou-se até ele e sussurrou em voz moderada, fitando-o meigamente:

— Ingrato! É assim que me paga o amor? Porém, eu sempre estou pronta para sacrificar a minha felicidade pela pessoa amada. O senhor quer se casar, Vadim Víktorovitch? Meu Deus! Serei a primeira a lhe dar apoio para buscar a felicidade. Permanecerei, é claro, sua amiga, mas a amizade será platônica. Então se anime, seu rabugento, e não ofenda a pobre Nástia.

Ela estreitou o pescoço do doutor e o beijou; Zatórsky não opôs resistência. Ele era demasiadamente crédulo para não se render aos afagos fingidos da baronesa. Deu um beijo em sua mão e saiu. Mas, mal se viu atrás da porta, o rosto da baronesa transfigurou-se de ódio.

— Espere só! – ciciou ela, crispando os punhos. – Vou lhe arrumar uma felicidade tal que jamais se esquecerá dela.

Mal todos se sentaram à mesa para jantar, no pátio ouviu-se o barulho de um carro chegando.

— Quem poderia ser a esta hora? – Bóris, vá ver quem é! – ordenou a baronesa, surpresa.

O menino saiu correndo e logo depois soaram gritos alegres:

— O papai chegou... o papai chegou!

A baronesa arregalou os olhos perplexa e continuou sentada como que atingida por uma pancada na cabeça; seu rosto cobriu-se de manchas vermelhas e ela tremia febrilmente.

Zatórsky no início empalideceu e, ao interceptar o olhar angustiado de Mery, compreendeu que ela sabia de tudo – o que o fez enrubescer intensamente. Neste instante, no quarto vizinho ouviram-se passos e no limiar da porta surgiu o barão.

Com um grito surdo, a baronesa atirou-se em seus braços. Choramingando nervosamente e rindo, ela recostou a cabeça em seu peito. Feliz e emocionado pela manifestação da recepção, o barão beijou a esposa e tentou acalmá-la, mas esta relutava em soltá-lo dos braços. Ela cingiu-lhe a cabeça com as mãos e começou a beijá-lo, examinando-o e cobrindo-o de nomes carinhosos.

Recuperara-se a tempo e representava habilmente o jogo duplo. Com a empáfia a ela característica, expressava um amor meigo ao marido e com isso tentava despertar os ciúmes do amante; tal expediente, não raro, lograva sucesso. Por fim, o barão desvencilhou-se dos braços da esposa, beijou a tia e depois estendeu ambas as mãos para Zatórsky.

— Agradeço, amigo fiel, pela amizade e por ter cuidado de minha esposa.

Ele não reparou no sorriso desdenhoso de Elena Oreéstovna. Quanto a Mery, esta o notou e, apertando a mão da generala, olhou para ela suplicante como se quisesse dizer: "Não fale do que nós sabemos"! O barão neste instante se virou para a esposa.

— Querida Nástia, de alegria em reencontrar tudo que me é caro, esqueci de lhe apresentar o meu amigo e companheiro de viagem, o príncipe Aleksei Adriánovitch Eletsky.

Todos se viraram para um jovem alto, parado junto à porta do refeitório, a quem ninguém dera atenção devido à agitação.

— O príncipe aceitou o meu convite de passar alguns meses aqui. Ele é meu colaborador e nós vamos trabalhar juntos; e como ele é, felizmente, solteiro e ninguém o espera em casa, eu o trouxe comigo. Você tem acomodações para o meu amigo? – continuou ele alegre, enquanto o príncipe cumprimentava a anfitriã.

O príncipe Eletsky tinha trinta anos. Era alto e magro. Seu rosto regular estava bronzeado; os olhos grandes azul-escuros e impenetráveis tinham expressão severa e na boca, maravilhosamente desenhada, entrevia-se por trás de bigodes escuros uma prega de vontade poderosa.

— Claro, claro, temos. Ao lado da biblioteca temos dois quartos e um gabinete, que pode ser transformado em banheiro. Espero que Aleksei Adriánovitch goste! – disse a baronesa, sorrindo amavelmente. – Mas os senhores devem estar com fome?! Sentem-se à mesa, eu mandarei servir algo substancioso.

O príncipe cumprimentou todos os presentes e o seu olhar escorregou pelo rosto do doutor e depois deteve-se, sério e perscrutador, no rosto branco e perturbado de Mery. Uma expressão um tanto enigmática perpassou sorrateira em seu semblante quando ele saudou a jovem moça, sentando-se à mesa. Entrou Anastácia Andréevna e a conversa versou generalidades. O barão estava alegre, contava sem parar de sua viagem e dos tesouros trazidos; o príncipe, ao contrário, estava taciturno e respondia laconicamente as perguntas a ele dirigidas.

Mal todos se levantaram da mesa, um criado anunciou que de Revel chegara um furgão com as bagagens dos viajantes. O barão ordenou que os dois baús fossem levados aos respectivos quartos, enquanto outros caixotes deveriam ser cuidadosamente colocados num quarto do andar térreo, perto do saguão. Em seguida, todos se dispersaram, pois os recém-chegados estavam muito cansados. A criadagem pôs-se a transportar e arrumar uma infinidade de caixas de tamanhos diferentes.

Bateu meia-noite e os criados iam desembarcar do furgão o último caixão, quando, subitamente, do lado do pátio irrompeu uma lufada brusca de vento que fez bater com força algumas janelas do castelo; no ar levantaram-se, em coluna, pedaços de papel e palha. Os criados entreolharam-se surpresos, já que fora estava totalmente calmo e o firmamento claro era salpicado de estrelas. De onde viria aquela rajada inopinada?

Mas, no momento seguinte, tornou a soprar forte, silvando e gemendo feito tempestade. Pelo saguão turbilhonou uma corrente de ar frio e da escada ouviu-se um barulho estranho: como que de um saco fossem despejados seixos que rolassem a escada abaixo, ainda que ela fosse acarpetada. Em seguida, da escadaria rolou, às cambalhotas, a camareira, pálida e aterrorizada.

— Oh, meu Deus! Deus nos valha! – balbuciou ela, persignando-se. – O que está acontecendo? Estive na galeria fechando as janelas, subitamente o vento me arrancou das mãos as persianas e quase fui ao chão; ao mesmo tempo ouvi estrondos, como se jogassem pedras na porta do príncipe; o vento uivava e gemia em vozes diferentes, como se alguma criança estivesse sendo degolada. Fiquei apavorada e fugi...

— Nós também ouvimos a mesma coisa... Parece que com as caixas veio o próprio Satanás- acrescentou um dos criados.

Rapidamente eles transportaram para dentro a última caixa e se trancaram no quarto de empregados.

Enquanto isso se passava, alguém que visse o quarto do príncipe teria ficado perplexo. Aleksei Adriánovitch estava parado perto da mesa, pálido e preocupado. De uma mala aberta, ele retirou um crucifixo encaixado sobre base de metal, no centro da qual se embutia uma pequena lamparina de cristal azul. O príncipe a acendeu e fez o mesmo com as três velas de cera, instaladas nas três pontas; a vela em cima era branca, nas laterais uma era azul, outra – vermelha.

Na base da cruz prendia-se um cálice metálico e nele defumava-se uma substância resinosa que recendia um forte odor de ládano, rosas e sândalo. Quando se ouviu o barulho de pedras, supostamente atiradas na porta, ele pegou o hissope e benzeu em cruz todos os quatro cantos do quarto com a essência aromática. Colocando em seguida no pescoço uma faixa azul com estrela dourada, no centro da qual estava desenhada a cabeça do Salvador, o príncipe orou e deitou-se na cama. No corredor continuava um barulho estranho, ouviam-se resmungos surdos, arranhões e miados; mas aos poucos os sons começaram a diminuir e, por fim, desapareceram por completo.

O doutor retirou-se para o quarto, lugubremente perturbado; sua alma estava assaltada por sentimentos contraditórios. De um lado, a vergonha, os remorsos e o medo do futuro; de outro – um ciúme violento àquele príncipe, que ficara observando curiosamente Mery. Aquele jovem era bonito, rico e titulado – um rival perigoso. Quem sabe ele até tenha impressionado bem a jovem, decepcionada com ele graças à generala. Após o jantar ele tentou por várias vezes aproximar-se dela, mas esta parecia evitá-lo... Oh, por que se envolvera naquela relação vil e criminosa?!

Ele também ouviu no corredor o estranho barulho, mas, estando com o humor azedado, não deu atenção a ele e deitou-se.

Zatórsky sentia-se alquebrado; sua cabeça doía e não conseguia conciliar o sono. Mas eis que, aos poucos, o torpor o foi dominando, o corpo como que se encheu de chumbo e ele não conseguiu mover sequer um dedo. Seus sentidos pareciam aguçar-se e em volta tudo vibrava; depois, as vibrações deram lugar a uma maravilhosa melodia sonora, cujos sons causavam uma dor lancinante em todo o seu corpo.

Subitamente, a escuridão no quarto cedeu à luz rosa tosca e, perto da janela, ele viu uma nuvem pairando. A nuvem cinzenta reverberou em faíscas vermelhas e douradas e matizes de arco-íris, feito cauda de pavão ou borboleta gigantesca; depois, a fumaça se espalhou, alongou-se, e no centro do quarto surgiu uma mulher alta.

Era uma criatura muito jovem, de rosto encantador e tez brônzea escura. Ela vergava uma túnica de gaze, bordada a ouro e lentejoulas, tão leve e transparente que mal lhe cobria o corpo de beleza estonteante; braceletes pesados adornavam as mãos e os tornozelos, jóias brilhantes cobriam-lhe o colo e sustentavam a massa densa de cabelos negro-plúmbeos, que desciam abaixo dos joelhos. Grandes olhos negros fitavam o doutor avidamente e um sorriso sensual e ao mesmo tempo cruel entreabria a sua boquinha púrpura. De súbito, ela se pôs a dançar. Silenciosamente deslizavam suas pernas desnudadas; o corpo esguio e delicado contorcia-se como o de uma cobra, enquanto as mãos brincavam com um longo cordão de seda vermelha. Continuando a dançar, ela se aproximou da cama e se inclinou sobre o médico; este não conseguia se mover. Parecia-lhe sentir a respiração cálida da dançarina. Perplexo, ele a viu fazendo um laço corredio que, em seguida, foi-lhe colocado no pescoço e ela então lhe disse numa língua estranha, que no entanto ele entendia bem:

— Afortunado! Você servirá de sacrifício à deusa e sua respiração a reanimará.

Tal era o sentido das palavras enigmáticas. Ao mesmo tempo, a desconhecida começou a apertar o laço; Zatórsky se sufocava e se debatia, mas seus esforços eram inúteis. Feito um anel de ferro, a corda apertava-o no pescoço, o cérebro parecia partir-se e o pensamento "estou morrendo" assaltou-o instantaneamente na consciência em extinção. Por fim, a cabeça pareceu-lhe tontear, enquanto ela ficava pairando sobre um abismo lúgubre; em seguida, ele perdeu os sentidos.

Espargia a aurora, quando Zatórsky abriu finalmente os olhos. Estava deitado no chão, perto da cama; sentia os membros enregelados de frio e a cabeça doía. Ele se levantou e quis tomar água, mas perplexo viu que o jarro e o copo jaziam quebrados no chão e, neste instante, ele se lembrou do "sonho". Sim, era um sonho ou um tolo pesadelo, uma conseqüência das emoções vividas na véspera; está claro: o céptico estudado não acreditava em "visões". Limpou o rosto com água-de-colônia e tornou a deitar-se, logo se esquecendo num profundo sono.

Durante o desjejum, a baronesa observou, rindo:

— A felicidade da vinda de Maximiliano e suas narrativas devem ter abalado meus nervos. Ele me contou diferentes episódios de sua viagem e eu sonhei que estava na selva, perseguida por um enorme tigre que queria me morder. Gritei assustada e acordei meu pobre Max.

— Sim, realmente eu lhe contei os detalhes de uma caçada de tigre na selva de Bengala – comentou o barão, sorrindo.

Nem ele, nem os outros notaram um estranho sorriso zombeteiro que escorregou nos lábios do príncipe; o barão se virou para o doutor.

— O senhor não teve pesadelos, Vadim Víktorovitch? – Está tão pálido – acrescentou, em tom de brincadeira.

O doutor respondeu que havia dormido mal devido à dor de cabeça, mas que agora se sentia bem.

Depois do desjejum, o barão anunciou que queria abrir os caixotes repletos de coisas interessantes, e convidou todos a participarem do ato. Ao passar por uma saleta ao lado do refeitório, o barão notou um nicho na parede, onde havia um grande vaso com flores.

— Que ótimo! Este vaso a gente pode tirar e em seu lugar colocar a estátua que eu trouxe. É uma relíquia muito curiosa – acrescentou ele, satisfeito.

Todos desceram ao salão do térreo, onde estavam as caixas. O barão, antes de mais nada, tirou de uma caixa os maravilhosos presentes que se lembrara de trazer. Ainda que Mery não estivesse em seus planos, presenteou-a com uma belíssima echarpe oriental de gaze, como que bordada em ouro e seda pelas mãos de uma fada. Em seguida foram tiradas peças antigas – um verdadeiro acervo de museu. Logo só dois engradados ficaram para serem abertos: um de tamanho médio; outro enorme, marcado com sinais vermelhos.

— Um acaso favoreceu-me obter a peça mais valiosa da coleção – disse o barão, tirando um objeto alongado embrulhado em panos de lã, e um pedestal fundido de bronze.

Sob os panos encontrava-se uma estátua de mulher sentada, do tamanho de uma criança de cinco anos; de seu pescoço descia numa corrente em ouro maciço um medalhão em forma de coração, de uma gema parecida com rubi.

— Esta é uma estátua da deusa Káli, muito venerada por hindus. Pertencia a Aleksei Adriánovitch, mas, conhecendo a minha paixão a semelhantes raridades, ele a deu para mim. Devo acrescentar que esta estátua está associada a um drama comovente e enigmático, só que a história é muito longa para ser contada agora. Além disso, devo confessar-lhes, *mesdames* e *messieurs*, que um ateísta e céptico inveterado como eu se tornou crédulo, até místico, convencido da veracidade das palavras de Hamlet: No mundo existem mais coisas do que os nossos cientistas sonham.

A baronesa deu uma sonora gargalhada.

— Você se tornou um místico, Max? Talvez um sábio? Há-há! Receio que sua conversão seja superficial e preciso de mais tempo para convencer-me disso. Mostre-nos o que você tem naquela caixa grande; estou curiosa.

— Talvez você se decepcione, ainda que o conteúdo seja extremamente interessante – tornou com bonomia o barão, ordenando que a tampa fosse retirada.

Com auxílio do criado, ele destampou um enorme tigre empalhado. As damas soltaram um grito de susto; a baronesa observou, estremecida:

— Arre, que nojo! Mesmo morto, fico com os cabelos em pé.

— Não nego que o animal é medonho, mas nem por isso nojento. Sem dúvida, é um dos melhores exemplares de sua espécie. Olhem que corpo poderoso, que cor de pele variegada! – observou Maximiliano Eduárdovitch, conferindo com a ajuda do criado a posição sentada da terrível fera, cujas patas pareciam fofas e flexíveis como de animal vivo. Ademais – acresceu ele –, o tigre também tem sua história, ligada com a da estátua. Ele pertencia a uma jovem sacerdotisa que servia no templo de Káli, e ela o domesticou. Dizem que o animal pereceu de morte misteriosa, morto com o olhar de um iogue; depois, nele injetaram uma substância, cujo segredo só é conhecido dos sacerdotes, transformando-o numa múmia e preservando a flexibilidade e semelhança de ser vivo. Juntamente com a estátua, o príncipe ganhou o tigre, e deu ambos para mim.

— Ao invés de jogá-los no mar, como insisti – manifestou-se o príncipe, que até então guardava silêncio e não interferia na conversa.

— Oh, meu caro, o senhor está com os nervos abalados, caso contrário não pensaria nessas tolices. Atirar para o mar tais preciosas raridades? Perdoe, isso seria loucura. E agora, *mesdames et messieurs*, aproximem-se mais: o terrível rei das selvas não os morderá.

As damas, no entanto, expressaram receio, por mais inofensiva que fosse a fera. Nenhuma delas se atreveu a tocá-lo; somente o doutor examinou longamente o animal e o apalpou com um interesse visível.

— A mumificação é incrivelmente perfeita. O tigre preservou o seu aspecto natural, inclusive a expressão feroz dos olhos vitrificados, que parecem fosforizar.

— Perfeitamente correto. Isso é porque o tigre na verdade não morreu – observou o príncipe, sorrindo.

Zatórsky estremeceu e olhou perscrutadamente para Eletsky e também sorriu.

— O senhor precisa se tratar, caro príncipe; digo-lhe isso porque sou médico. Pense só no que o senhor acaba de dizer! Como poderia sobreviver um animal durante semanas, ou talvez meses, ainda mais encerrado no caixão? O senhor provavelmente está delirando e seus nervos precisam de um sério tratamento.

— Meu caro doutor, todos sabem que os faquires conseguem dormir meses enterrados. Eu conheci um que ficou deitado por sete anos e, não obstante, acordou bem sadio – retrucou o príncipe.

— Que seja! Mas ele era um faquir, levado por meios específicos ao estado letárgico e não foi tocado durante o sono por ninguém. Aqui se trata de um animal morto.

— Perdão, Vadim Víktorovitch, este animal não morreu de morte natural e... naquele país, onde tudo é mistério, ninguém é capaz de compreender as dimensões da força que possui aquele povo incrível. Somos todos ignorantes, desde as pessoas simplesmente mundanas, até os cientistas renomados, que se teriam espantado com os conhecimentos daqueles terríveis encantadores. Afirmo-lhe: diante deles nós nos sentimos tão impotentes como um bebê de colo. Oh, infeliz daquele que, descuidadamente, mexer com eles e provocar sua vindita! – adicionou Eletsky, suspirando fundo.

O doutor nada disse. Ele não queria discutir com uma pessoa a quem considerava doente. O barão, que não interferia na polêmica, deu um novo rumo à conversa, ao mostrar um velho vaso de bronze e explicando como o tinha adquirido.

Uma semana passou totalmente tranqüila. O barão com auxílio do príncipe e do doutor registrava e numerava no catálogo os objetos trazidos; a baronesa resistiu obstinada para que a estátua de Káli e o tigre fossem colocados no quarto ao lado do refeitório, lugar de passagem obrigatória, e, por isso, Maximiliano Eduárdovitch teve de instalar temporariamente o seu museu na sala perto de seu gabinete. No fim da segunda semana, o barão anunciou que tinha de viajar por alguns dias para Petersburgo, acertar alguns assuntos financeiros e achar um local para o Museu da Índia, que queria adaptar até a volta deles do campo. Zatórsky expressou o desejo de acompanhá-lo, a fim de fazer um relatório da tutela, mas o barão sustentou que essa questão era absurda e pediu ao doutor não interromper seu descanso no castelo. Com o barão viajou Elena Oreéstovna, também para cuidar de negócios, prometendo voltar dali a dois dias.

À noite, depois da partida do barão com a tia, a conversa na hora do chá fluía tediosa: cada um estava mergulhado em pensamentos particulares. Mery estava triste e observava, de soslaio, o sombrio e taciturno doutor; a baronesa palreava com o príncipe, por vezes deitando olhares ressabiados para Vadim Víktorovitch. Após o chá, todos se dispersaram. Mery retirou-se para o quarto deprimida. Ela não queria dormir e tentou distrair-se: escreveu cartas, leu, mas nada ajudava; a inquietação não a largava, ao contrário, aumentava. Desanimada, ela pôs de lado o livro que lhe parecia enfadonho e resolveu buscar um outro, pois o barão dera-lhe a liberdade total de utilizar a biblioteca. Levantou-se para pegar uma vela na saleta e, ao lançar um olhar para a janela do doutor, viu que a luz em seu quarto se apagou e, logo, a galeria foi atravessada pela alta figura de Vadim Víktorovitch. Seu coração bateu acelerado: ele ia falar com ela!

Subitamente, Mery foi assaltada pela vontade incontrolável de ouvir-lhes a conversa e saber finalmente de que falavam aqueles torpes traidores, que iam se encontrar mal o marido deixara a casa. Sem pensar muito em seu ato censurável, Mery pôs-se a analisar como colocaria em execução o seu plano; primeiro, ela tinha que descobrir onde estavam os adúlteros.

Feito uma sombra, esgueirou-se ao dormitório da baronesa, mas ali estava escuro e silencioso; do *boudoir*, entretanto, filtrava-se uma luz e o destino lhe favoreceu. Ao longo de uma saleta de estar e do *boudoir*, do lado de fora, havia um balcão, cujo acesso se dava pelo quarto anexo ao museu; no *boudoir* havia uma alta e estreita janela gótica, aberta na velha parede de cerca de dois metros de espessura e que possuía uma depressão de dois lados. Foi nesse nicho que se escarafunchou Mery. A janela viu-se aberta, mas a cortina de seda estava abaixada; a jovem olhou cuidadosamente para o interior, levantando a ponta do tecido. Grandes vasos de flores no peitoril encobriam completamente a intrusa, permitindo-lhe tudo ver e ouvir. Fremendo de ciúmes e excitação nervosa, Mery esquadrinhou aquele quarto, vivamente iluminado com lâmpada de teto.

Sim, ambos estavam ali; ela, naquele minuto, odiava-os com todas as forças da alma. Oh, ela haveria de arrancar do coração aquele torpe e imundo homem que, cinicamente, traía o seu amigo a confiar-lhe cegamente. Ele, um devasso impiedoso, preferia uma mulher desavergonhada, murcha e feiosa, a ela – uma moça bela e pura! Seu coração comprimiu-se de humilhação e desespero. Ela premeu as mãos contra o peito e fechou momentaneamente os olhos mas esta fraqueza não perdurou por mais de dois minutos. Na alma de Mery, despertavam-se o orgulho, a energia e a coragem espreitantes. Queria descobrir finalmente como eles trocavam as carícias, com que feitiços arcanos aquela sem-vergonha suscitava o amor e mantinha o poder sobre aquele homem. Ela se empertigou e olhou perscrutadamente para o *boudoir*.

Sobre a mesa, onde normalmente ficavam os álbuns, havia uma lâmpada e uma travessa de prata com garrafa de vinho e dois copos, um prato de cristal com biscoitos e uma caixa de bombons. O doutor acomodara-se na poltrona, recostando a cabeça no espaldar. Estava pálido e em seu rosto se congelara uma expressão de angústia. Parada junto à mesa, diante dele, Anastácia Andréevna escolhia um bombom na caixa. Vestia um penhoar lilás de seda; seus cabelos ruivos estavam soltos. Ela também estava lívida e em seus olhos afundados fulgia um ódio mal disfarçado e os lábios tremiam; tudo isso a deixava ainda mais feia e a envelhecia por dez anos. Subitamente, ela desatou a rir com riso seco de escárnio, característico dela, e afastou bruscamente a caixa com guloseimas.

— Então, meu querido Vadim, o senhor se apaixonou na velhice feito um ginasiano! Há-há-há! Nada de surpreendente, porém não deixa de ser engraçado, tanto mais que cismou, ainda nesta vida, acertar contas com o carma pelos chifres galhudos colocados no ilustre barão. Quem será seu carma – é difícil dizer; mas, sem dúvida, alguém assumirá este digno papel. Assim o é sempre que um velho idiota se apaixona por uma inocente pensionista... Que a menina se apaixonou pelo senhor, isso não me surpreende. Ela acabou de sair da faculdade e não conhece o grande mundo; os jovens que a tentam namorar não tiveram sucesso; com um professor famoso é diferente!

Zatórsky se endireitou protestando, o que não era normal em se tratando de uma mulher que por tanto tempo o manteve obediente, paralisando sua vontade com uma força hipnótica invisível, ridicularizando-o na sociedade. Em sua voz ouvia-se indignação e seus olhos faiscaram quando ele respondeu:

— Peço-lhe me poupar de seus chistes vulgares, Anastácia Andréevna, e mudar o seu tom; seu expediente de apresentar-me como velho já caducou. Por mais que o seja, a senhora está sempre quatro anos na frente, tem quinze anos de casada e vai dizer para outros, menos para mim, que a senhora desposou o barão aos dezoito. Não me obrigue a provar sua idade com documentos. Ademais, a uma mulher de quarenta, casada, mãe de dois filhos grandes, não fica bem ter amantes ocasionais. O nosso caso não passou de brincadeira e não quero ser motivo de falatório na sociedade, nem enganar o bom e ingênuo barão. Se me casarei ou não, é indiferente, só não quero mais continuar com a senhora. Entende? Estou cheio de suas intrigas tolas e familiaridade vulgar que tem me dispensado, expondo a público a nossa relação sórdida e criminosa. Tenho tanta vergonha da jovem inocente, surgida qual uma aparição límpida no meu caminho! A senhora me diz que Mery me ama com o seu primeiro amor puro de coração jovem? Quero que saiba que eu reconheço o irrealismo desta ventura e serei incapaz de manisfestar um sentimento mais tépido enquanto a senhora me perseguir feito sombra, condenando-me a viver manietado. Quanto às suas ameaças de escândalo, não as temo. Seu marido está de volta, mas eu continuo seu lacaio. Basta, eu me demito. Casar-me-ei ou não – não sei; mas eu já não a quero mais.

Pasma de fúria e ódio, ouviu a baronesa a escaldante censura e o seu rosto foi-se avermelhando; de súbito, com a agilidade de um gato, ela pegou um chinelo bordado a ouro, mas todo surrado, e tascou duas sonoras chineladas no rosto do doutor. Se a isso recorria a baronesa antes impunemente, não se sabe, mas desta vez ele não estava disposto a engolir a afronta. Soltando um grito surdo, Zatórsky saltou e atirou-se sobre ela.

Mery não assistiu ao término da cena. Tremendo de nojo, saltou de seu esconderijo e correu pelo balcão até a sala anexa ao museu. Mal lá ela adentrara, parou estupefata e o terror a imobilizou.

No lado oposto do quarto, divisou o tigre sentado, envolto em auréola vermelho-sanguínea. O terrível animal rugiu surdamente e foi-se arrastando em sua direção; seus olhos fosfóricos brilhavam e pareceu-lhe até ouvir seus dentes rangerem. Mery recuou instintivamente, mas sua cabeça tonteou e ela caiu sem sentidos no chão.

Neste ínterim, Vadim Víktorovitch irrompeu-se do *boudoir*, fechando com estrondo a porta. Andando açodado, ele tropeçou sobre Mery, que jazia desfalecida, e quase caiu.

Soltando um impropério, inclinou-se para saber em que havia tropeçado e, ao reconhecer a moça, estremeceu, intrigado por ela estar ali. Ao se certificar de seu desfalecimento, o doutor ergueu-a cuidadosamente, carregou-a para a biblioteca, colocou sobre o sofá e acendeu o abajur na mesa. Depois foi ao refeitório, onde sempre havia vinho, encheu meio copo da bebida e voltou à biblioteca; Mery permanecia desacordada. Como estava bela em sua imobilidade! Seu coração palpitou forte e ele não resistiu em beijar a mãozinha gelada. Então o médico se pôs a esfregar-lhe as mãos e as têmporas, deu-lhe sais para cheirar, que sempre carregava consigo, e, minutos depois, Mery abria os olhos.

Tremendo toda, soergueu-se e sentou-se. Olhando assustada para os lados, ela murmurou:

— O tigre!... O tigre!...

— De que tigre está falando? – fez Vadim Víktorovitch, surpreso.

— O tigre do museu. Ele vinha em minha direção, iluminado por auréola cor de sangue, rangendo os dentes e rugindo – de terror, ela cobriu os olhos com as mãos.

— Maria Mikháilovna, volte a si; a senhora está doente e teve simplesmente uma alucinação. Entenda: um animal morto há muitos meses não pode se arrastar, nem ranger os dentes. Mas o que a senhora estava fazendo ali tão tarde?

— Eu não conseguia dormir e fui buscar um livro na biblioteca – disse Mery, fitando-o embaraçada.

Ela não podia confessar-lhe onde estava; procurava, contudo, no rosto do doutor os sinais da afronta infligida. De fato, no rosto pálido de Zatórsky luziam duas manchas vermelhas! Oh, como odiava aquela imprestável! Se fosse esposa dele, jamais faria aquilo.

— Vou-lhe trazer um calmante e depois a senhora deita e dorme.

— E se o tigre voltar? – inquietou-se Mery.

— Não, não, ele não volta, fique sossegada! Vou levá-la ao seu quarto.

Zatórsky saiu e voltou em seguida trazendo um copo com gotas; Mery o esvaziou submissa. O doutor despediu-se dela na porta e voltou para o seu quarto.

Mery porém estava demasiadamente nervosa para conseguir dormir; em sua mente alternavam-se as imagens do tigre e da cena nojenta testemunhada. Não, por nada neste mundo ela ficaria ali; amanhã mesmo escreveria uma carta ao pai, pedindo-lhe para buscá-la. Mais tarde, ela faria o médico visitá-la em casa a pretexto de alguma doença; na cidade tudo seria mais fácil, sem a vigilância da bruxa. O que diriam seus pais ao descobrirem a quem ela amava? O papai era indulgente e compreensivo, mas e a mamãe? O que ela dirá? Assomava-se-lhe na mente a expressão surpresa e desconfiada da mãe, fazendo a pergunta: – Como, Mery, você se apaixonou pelo amante daquela mulher? Não tem vergonha na cara?

Com todos esses receios e devaneios, o cansaço a subjugou e ela adormeceu.

# VI

O doutor também não conseguia conciliar o sono. A cena com a baronesa revoltava-o e sua fúria foi-se avolumando. Já estava clareando quando, finalmente, adormeceu. Não eram nem sete horas, quando um criado, pálido e assustado, despertou-o.

— Senhor doutor, aconteceu uma desgraça! Karl, o vigia noturno, foi encontrado semimorto; está com um ferimento no pescoço. Não sabemos o que fazer – balbuciou ele.

Zatórsky vestiu-se rapidamente. Ordenando ao criado que levasse sua farmácia portátil e uma caixa com instrumentos cirúrgicos, ele foi até o ferido.

No quarto dos empregados apinhado de gente, na cama jazia Karl; a seus pés, com o rosto enterrado no avental, chorava uma mulher.

O doutor inclinou-se sobre o ferido e o examinou cuidadosamente.

Karl era um rapaz de vinte e três anos. Ainda na véspera, ele esbanjava saúde e o doutor o conhecia bem; agora, ele surpreendeu-se de sua palidez cérea, como que todo o sangue se esvaísse de seu ferimento que, aliás, não era grande.

— Quem foi que o achou e onde exatamente? Quem é essa mulher chorando?

— É Frederica, a lavadeira; ela é tia de Karl. Eu, Dietrich, jardineiro, e o meu ajudante Gotlib, achamos o rapaz no terraço do jardim, quando fomos regar as plantas – respondeu um homem, adiantando-se.

— Muito bem. Vocês ambos e a tia dele fiquem aqui para ajudar, os outros podem sair – ordenou Vadim Víktorovitch.

Em seguida, enquanto o ferido, inconsciente, era despido e acomodado na cama, o doutor perguntou se Karl havia perdido muito sangue. Ele estava perplexo com a palidez do corpo.

— Não. Nas lajotas do terraço não encontrei um pingo de sangue; sua camisa e a blusa – olhe só – também estão limpas – respondeu Dietrich, apontando para a roupa.

Pela imobilidade do ferido, o doutor o considerou morto; mas, ao examiná-lo, verificou que o coração estava batendo, ainda que fraco, e sentia-se uma respiração débil. Ele examinou-o melhor e, perplexo, notou nas bordas do ferimento sinais de grandes dentes.

— Há lobos por aqui? Parece que ele foi mordido por um lobo – concluiu Vadim Víktorovitch.

Os criados entreolharam-se surpresos.

— Lobos?! Há muito tempo que não vemos lobos por aqui, principalmente no verão.

Perturbado e meditativo, o doutor fez um curativo no ferimento e mandou que lhe ministrassem a cada quinze minutos gotas com leite e conhaque. Depois, sentando-se perto da cama e segurando a mão de Karl, tentou dar uma explicação àquilo. Ele não via a hora de saber, do próprio ferido, os detalhes da ocorrência. Ordenando para que trouxessem um bom conhaque, verteu na colher gotas tonificantes e forçou que a mistura fosse engolida. Um minuto depois, um tremor traspassou pelo corpo de Karl; ele abriu os olhos e moveu fracamente os lábios. Vadim Víktorovitch inclinou-se sobre ele.

— O que lhe aconteceu, Karl?

— Fui atacado pelo tigre – ouviu fracamente o doutor, o que o fez recuar a cabeça, perplexo.

O infeliz praticamente repetia o que lhe dissera Mery algumas horas antes e a sua mente recusava-se, entretanto, a compreender o enigma inexplicável.

Após dar as devidas instruções, Vadim Víktorovitch saiu. Ele estava convicto de que Karl não sobreviveria até a noite, todavia queria deixá-lo bastante forte até que recebesse um depoimento mais preciso. Perturbado, dirigiu-se à sala onde se encontrava o tigre misterioso e sentiu-se horrorizado ao se aproximar da fera imóvel, cujos olhos parecia brilharem. Dominando o sentimento de terror, começou a examinar o animal; seu corpo era flexível e emanava um odor fraco mas penetrante.

— Provavelmente está se decompondo – pensou o doutor satisfeito, pondo-se a examinar a boca da fera.

Nisso ele estremeceu e um arrepio percorreu sua espinha. Por entre os dentes, notou algumas gotas de sangue coagulado e, ao mesmo tempo, parecia que nos olhos imóveis do tigre brilhava momentaneamente um olhar ávido de sangue.

Vadim Víktorovitch ficou branco e, recuando, recostou-se na parede, sem despregar o olhar do suposto assassino do homem – uma fera empalhada, que rastejara em direção à Mery. Sua razão verificava-se impotente para entender aquilo, algo inverossímil que ele não queria aceitar, se não quisesse ser tomado por algum maluco fugido de um manicômio. Entretanto, os fatos eram incontestáveis, ainda que difíceis de serem explicados. Será que as palavras de Eletsky não eram delírios de um neurótico? Existiriam de fato coisas diabólicas e mistérios desconhecidos aos cientistas patenteados? Não, ele se recusava a acreditar em semelhantes disparates... Era necessário achar uma explicação plausível para os fatos, enigmáticos à primeira vista.

Um pouco mais calmo com esta decisão, ele se dirigiu ao refeitório, onde o desjejum já estava servido. A baronesa ainda não viera; o príncipe acabava de entrar, de modo que eles se sentaram juntos, aguardando pela anfitriã.

— Já sabe, Aleksei Adriánovitch, do caso incrível que aconteceu à noite? Um rapaz, vigia noturno, foi mordido no pescoço por um lobo. A situação do infeliz é muito delicada; jamais imaginei que lobos pudessem rondar tão perto das casas.

— Oh, foi realmente um lobo? – observou o príncipe, ironicamente.

— E quem poderia ser, neste caso? – resmungou o doutor.

— Se o pobre Karl sobreviver, ele poderá fornecer os detalhes. Mas não sobreviverá. Os que forem mordidos por esta espécie de lobo nunca sobrevivem. Se ele agüentar até o anoitecer, será um milagre. Se quiser, Vadim Víktorovitch, posso lhe fornecer um preparado hindu, que devolverá ao moribundo uma energia suficiente para falar por cerca de quinze minutos e até mais; será o bastante para que ele lhe conte o que aconteceu. É verdade, isso pode abreviar o seu fim, que é inevitável, mas não terá muita importância.

O doutor alisou os cabelos.

— Karl falou comigo, mas o que me disse é impossível.

— Provavelmente ele lhe disse ter sido mordido por tigre?

— Sim, mas o senhor há de compreender que isso é impossível e, se o senhor acha que não, explique-me, pois a minha razão não aceita isso.

— Eu poderia lhe contar muitas coisas do gênero, bem possíveis, mas o senhor me tomará por um louco. Se o senhor quiser, todavia, vá ao meu apartamento e eu lhe contarei uma aventura que, por certo, o senhor achará um conto de carochinha. Silêncio, a baronesa está vindo!

Anastácia Andréevna estava muito mudada no rosto. Ela cumprimentou os presentes, evitando olhar para o doutor e, imediatamente, entabulou conversa sobre o acontecimento noturno.

— Acabei de estar junto a Karl. O pobre menino morreu, quando tentei lhe dar leite com conhaque. Que história incrível e horrorosa! Jamais ouvi que lobos pudessem chegar tão perto do castelo e, o que é mais curioso, o lobo, feito um vampiro, sugou-lhe o sangue. O que o senhor acha disso, doutor?

— Acho que há lobos na floresta e a vítima perdeu muito sangue – respondeu friamente o doutor. – Devo expedir um laudo do cadáver – acrescentou ele, acabando apressadamente de tomar o café.

Zatórsky levantou-se, trocou um olhar significativo com o príncipe e saiu.

Anastácia Andréevna retirou-se ao seu quarto nervosa e enfurecida. Pelo olhar frio e hostil de Zatórsky, ela compreendeu que a cena noturna não foi esquecida e um ódio impotente ferveu-lhe na alma. No ímpeto da raiva e ciúme, parecia ter esquecido do acontecimento sinistro da noite e mandou atrelar os cavalos, tendo algo em mente. Avisando que ia a Revel cuidar de uns assuntos e que retornaria para o almoço, ela partiu.

Na cidade, a baronesa despachou a carruagem para um hotel, onde o cocheiro deveria aguardá-la enquanto fizesse algumas compras e visitas. Mas, assim que o coche dobrou a esquina, Anastácia Andréevna saiu da loja diante da qual descera e dirigiu-se a Katerinental. Depois de diversas voltas, chegou até uma rua estreita, ao longo da qual se estendiam dos dois lados os jardins, os pomares e as datchas e, no fim dela, quase num descampado, erguia-se uma casa solitária cercada de jardim e uma cerca alta de tábuas. A baronesa tocou a campainha da porta, que um minuto depois foi aberta por uma mulher de idade mediana, sequiosa e, aparentemente, bem conhecida.

— Por favor, minha senhora, meu avô está em casa – disse ela, introduzindo a baronesa num quarto mobiliado simplesmente e pedindo-lhe para aguardar um pouco.

Pouco depois, entrou um velho, apoiando-se num cajado, talhe alto mas curvado. Pelo rosto corrugado e ressequido, feito um pergaminho, deveria ter uns cem anos; seus olhos, porém, eram límpidos e vivos como os de um jovem e brilhavam feito duas brasas. Eric Keskonen era tido como um bruxo perigoso. Ele saudou a baronesa com inclinação respeitosa, aceitou dela um pacotinho de tabaco e um outro com um vestido e guloseimas para a neta. Após uma troca de palavras, ele conduziu a visitante através do corredor comprido até um quarto iluminado com lâmpada de querosene, sem janelas. Pelo odor cáustico penetrante e mobília do ambiente, era possível inferir que ali era o laboratório do feiticeiro. No canto via-se um monte de zimbro, nas prateleiras jaziam garrafas e frascos de diferentes tamanhos e feixes de ervas secas. No centro da peça havia uma mesa coberta de pano vermelho, sobre a qual estavam dois castiçais de sete velas cada: um com velas vermelhas, outro – com pretas; viam-se também três pequenos braseiros de ferro e uma bacia com água. Ali mesmo havia um livro antigo com capa em couro. No fundo, divisava-se um fogão russo e, na parede, uma cortina parecia encobrir algo. Ao lado da mesa havia duas poltronas velhas, sendo que uma delas foi apontada para a baronesa se sentar. Anastácia Andréevna tirou da algibeira e pôs sobre a mesa dez moedas de ouro, imediatamente guardadas pelo velho no bolso. O velho sentou-se na outra poltrona e pediu à visitante para expor o seu desejo.

Com visível indignação, Anastácia Andréevna narrou que o seu amante estava lhe escapando, ao se apaixonar por uma reles menina, que ela inoportunamente convidara ao castelo. Ela queria conservar o amante, livrar-se do marido e, se possível, também da rival.

— Veremos agora se isso é possível e se as forças nos são propícias – disse o velho, depois de ouvi-la atentamente.

Ele se ergueu e puxou a cortina, atrás da qual se escondia um grande espelho sem moldura, cujo vidro parecia negro e tosco. O velho fez alguns sinais cabalísticos, pronunciando esconjuros desconexos; a superfície do espelho começou a encher-se de nuvens, variegando faíscas. Keskonen juntou no braseiro alguns pedaços de carvão, deitou sobre eles grãos de zimbro e um pó amarelado, despejou sobre tudo um óleo e acendeu. Pelo quarto espalhou-se um olor de enxofre e os carvões acenderam crepitando; o feiticeiro se inclinou e sem tirar os olhos dos carvões começou a murmurar como se conversasse com alguém, fazendo e recebendo respostas. À medida que se processava aquela bizarra conversação, o rosto do bruxo adquiria tonalidade terrosa; em seguida, os carvões apagaram, o velho virou-se para a baronesa, olhando para ela de modo estranho.

— Pegue de volta seu dinheiro, senhora – disse ele, colocando as moedas sobre a mesa. – Não posso fazer nada pela senhora: as forças não se me submetem, pois há outras, muito mais poderosas.

— Mas por quê? O senhor ajudou antes. Tente de novo, por favor, pagarei o dobro! – gritou a baronesa, enraivecida e perplexa.

— Nem que pague o cêntuplo! Olhe a senhora mesma no espelho. Lembra-se como era antes? – tornou o velho bruscamente.

— O senhor deve estar ficando velho, meu caro, e encobre a sua impotência com desculpa de forças hostis – retomou a baronesa com raiva e se aproximou do espelho.

Sem reparar no olhar de mofa e desdém com que a mediu o velho feiticeiro, Anastácia Andréevna aconchegou-se impaciente do espelho e pôs-se a observar a sua superfície, que outrora refletia cenas de amor e sedução. Da mesma forma que antes, a névoa dispersou-se e diante dela se descortinou um quadro estranho, em meio à escuridão cinzenta. Ela não conseguia definir se ali deslumbravam os contornos de alguma muralha ou uma densa floresta, emoldurando um descampado, onde ela se via com Vadim Víktorovitch. Mas entre eles, separando-os, corria um riacho sobre um leito pedregoso; suas ondas púrpuras, quebrando-se sobre as pedras, espargiam neles uma espuma sangüínea. Subitamente, da névoa surgiu uma belíssima jovem em trajes indianos com um cordão comprido de seda vermelha na mão; seus enormes olhos negros fitavam a baronesa com olhar impiedoso. A jovem se pôs a dançar em volta dos amantes, enrodilhando-os com o cordão púrpuro, que se tornava cada vez mais grosso. Nisso, a baronesa e Vadim Víktorovitch, atados entre si, mas isolados por fumaça densa, despencaram na corrente, sendo carregados pelas ondas vermelhas para lados diferentes...

Muda de pavor e imobilizada, assistiu a baronesa àquelas imagens terríveis, as pernas lhe tremeram e, soltando um grito surdo, caiu no chão. Keskonen arrastou a visitante para o corredor e, lá, a neta ajudou-o a recuperar os sentidos da baronesa. Enquanto eles se ocupavam dela, a neta perguntou o que havia acontecido.

— Recusei-me a ajudá-la, porque as forças hostis se rebelaram.

— Não pode fazer nada? Que forças podem se lhe opor, já que você a ajudou por duas vezes? – surpreendeu-se a neta, sobressaltada. O velho soltou uma risada seca.

— Sim, sim! Na primeira vez eu lhe arrumei um marido e, depois, um amante, assegurando uma união duradoura. Agora sua casa está cheia de demônios terrivelmente poderosos, e os meus aliados são bem mais fracos e não conseguem enfrentá-los; assim, esses *novos* desfizeram o que eu fiz. A baronesa há de se cuidar agora! Não queria estar em seu lugar. Imagino o que ela deve ter visto no espelho, já que desmaiou! Que bruxa! Bem, não vou me intrometer em seus assuntos, senão vai sobrar para mim.

Ele se calou, pois a baronesa tinha se movido e aberto os olhos. Pálida e desconsolada, ela se levantou e, esquecendo de pegar de volta o dinheiro, saiu da casa.

Ao saber da partida da baronesa para Revel, Mery não foi tomar café e permaneceu em seu quarto, para pensar e se preparar para a partida, já que não queria mais ficar no castelo. Estava amedrontada e convencida de que o tigre, de fato, arrastara-se em sua direção; esta certeza aumentou depois que a camareira lhe contou sobre os pormenores da morte de Karl. Não era um lobo mas o tigre que o atacara; provavelmente, assustado pelo aparecimento do doutor, ele se escondeu e, mais tarde, investiu contra o vigia.

Mery escreveu para o pai, pedindo que ele viesse buscá-la ou, então, que a deixasse voltar sozinha. Em seguida, chamou Pacha, revelou-lhe sua intenção de voltar para casa e pediu-lhe para trazer dois cestos para arrumar as coisas.

— Oh, senhorita, Deus seja louvado por esta decisão! Não vejo a hora de sair daqui – exclamou Pacha, visivelmente contente. – Estou com tanto medo; com a chegada do barão, parece que o próprio diabo veio morar neste castelo.

— Por quê? Você viu alguma coisa? – indagou Mery, tentando parecer indiferente.

— Eu mesma não vi nada, mas outros viram e falam.

E ela contou sobre um barulho estranho naquela noite, quando transportavam os caixotes, e sobre outros diversos fatos. Fênia, a camareira da baronesa, dois dias antes vira o ídolo além-mares tirando a cabeça fora da porta do quarto que servia de museu, e ouviu por várias vezes horríveis gargalhadas. Como ela tinha medo de varrer sozinha o chão no *boudoir*, ela pegava Procófio, e ele ouviu também aquelas risadas. O pior, porém, presenciou o cavalariço – Mítia. Ele tem perto do paiol um pequeno quarto que sai para o jardim e, da janela, é possível ver o terraço, onde foi encontrado o pobre Karl. Sua janela estava aberta naquela noite e, atormentado por dor de dente, ele não conseguia dormir.

— Pareceu-lhe estar ventando e ele foi fechar a janela; mas imagine o pavor do infeliz, quando viu o tigre empalhado descendo do terraço, a bocejar e abanar o rabo, e retornando mais tarde para dentro da casa. Brrr! Que medo!

— Talvez Mítia tivesse exagerado na bebida e viu o tigre no sonho? – observou Mery, forçando um riso.

Ela acreditava na visão do cavalariço e, desde o dia anterior, tornou-se também supersticiosa, porém não queria admitir isso diante da criada. Fingindo-se de incrédula, ela riu dos testemunhos de Pacha. Após arrumar as coisas, Pacha foi dispensada.

Apesar da impaciência de encontrar o príncipe e ouvir-lhe as histórias misteriosas, Zatórsky ficou retido por algumas horas por diversas formalidades pertinentes à morte enigmática de Karl. Vieram autoridades para fazer a devida perícia; o cadáver foi transportado ao paiol, até que fosse enterrado. Exausto, o doutor viu-se livre finalmente de todos os assuntos fastidiosos e dirigiu-se aos aposentos do príncipe, encontrando-o na saleta. O príncipe estava mergulhado em seus devaneios e não ouviu a porta se abrir.

Por uns instantes, Vadim Víktorovitch deteve seu olhar naquele homem de beleza rara. Os contornos de seu perfil eram classicamente corretos e revelavam energia serena; os cabelos encaracolados, cortados curtos, reverberavam tirante a azul; os grandes olhos de safira escura, sob os cílios lanosos, estavam pensativos. "Que paixões tempestuosas deve sugerir um homem tão belo", pensou Zatórsky.

— Nem sempre as paixões que sugerimos a corações femininos trazem a felicidade – observou o príncipe, virando-se para o médico.

O doutor estremeceu. Teria ele dito aquilo, já que o príncipe respondera ao seu pensamento?

— Escute, Aleksei Adriánovitch, o senhor deve ser algum feiticeiro, pois adivinha os pensamentos alheios? – perguntou, rindo.

— Por que o senhor imagina em mim tal faculdade? O senhor me chama de "feiticeiro" por causa da minha observação lógica, emitida no momento de sua chegada?

— Sua observação coincidiu com o meu pensamento e deixou-me intrigado; estou ainda mais ansioso por ouvir as incríveis histórias que o senhor prometeu me contar. Só agora fiquei desembaraçado das formalidades referentes ao falecimento de Karl.

— Ah, sua morte me deixa preocupado. Este Karl poderá causar-nos muitas desgraças – observou o príncipe, melancólico.

— Karl?... Mas ele está morto e o corpo do coitado foi transportado temporariamente ao paiol, onde sua tia e a noiva o velam. Eu e o médico distrital atestamos sua morte; ele não está em sono letárgico.

— Sim, sim. Não duvido de sua competência, entretanto reafirmo que esse homem é perigoso. O que mais me preocupa é que eu não recebi nenhuma resposta de meu mestre e não sei o que fazer para prevenir eventual desgraça.

— O senhor fala por enigmas, Aleksei Adriánovitch. Peço-lhe ser mais claro!...

— Estou-lhe dizendo que as pessoas mortas por vampiros da ordem inferior – pelo tigre no caso – também se tornam vampiros. Esse homem, até então inofensivo, apresenta um grande perigo para os vivos. Não ficarei surpreso se, nestes dias, algum criado ou habitante deste castelo ou das circunvizinhanças não sucumbir, vítima deste ou do outro vampiro.

— Mas, príncipe, os vampiros não existem; tudo isso é conversa de mulher ou, se quiser, conto de fada!

— Deus queira que o senhor não tenha que se convencer do contrário! – suspirou o príncipe.

— Aleksei Adriánovitch, por acaso o senhor é um *iniciado*, seguidor de alguma ciência arcana, cujos adeptos moram – segundo dizem – em abrigos inacessíveis do Himalaia?

— Não, não sou um iniciado, nem passei por nenhuma escola hermética; sou um ignaro. Conheci, entretanto, um jovem hindu na casa de um amigo em Londres. É um homem misterioso que se interessou por mim, tendo-me honrado com sua proteção e até amizade. Tenho-o por *jovem*, ainda que em seus olhos impenetráveis e fundos, tal qual um abismo, espreita-se a sabedoria e a experiência de um ancião. Quem poderia dizer a idade dessas criaturas estranhas que parecem subordinadas a outras leis da natureza, ao contrário de nós, os mortais. Ele prontificou-se a repassar-me seus conhecimentos, abriu-me novos horizonte, revelou-me mistérios insuspeitos e mostrou fenômenos incríveis. Vendo a minha vontade de aprender, disse-me certa vez:

— São justas as palavras de Cristo: "O espírito é forte, mas a carne é fraca". Uma alma impetuosa tenta alçar-se às alturas, mas seu corpo opressor e pesado, feito uma rocha, paralisa seus anseios. Por isso, meu amigo, a primeira tarefa que espera por um homem, que queira estudar a verdadeira ciência, consiste em diluir a massa densa da carne, adequando-se à corrente ígnea que compõe a nossa alma.

— E o senhor tentou aplicar na prática essa fascinante tarefa? – perguntou Vadim Víktorovitch, visivelmente interessado.

— Sim, esta tarefa foi realizada por muitos, alguns cientistas desconhecidos ao público ou por pessoas inspiradas *de cima*, que chamamos de *santos*. Munido de conselhos por aquele homem proeminente, que eu chamo de *mestre*, também trabalhei na solução da tarefa; lutei e estou lutando como se contra uma fera selvagem, contra os instintos vulgares do meu corpo e, graças a Deus, consegui certo sucesso no caminho espinhoso do autocontrole. O senhor testemunhou um acontecimento misterioso e outros verá; assim, acredito, sendo um médico estudado, o senhor deve estar interessado por tudo isso.

— Sem dúvida, príncipe! Ainda mais que a minha razão cética exige uma iluminação especial para compreender os fenômenos que contradizem minhas convicções.

Um criado, que viera anunciar que o almoço estava servido, interrompeu a conversa.

— Venha para cá depois do almoço, Vadim Víktorovitch! Passaremos a tarde juntos e eu lhe contarei algumas aventuras estranhas vividas.

Mery e as crianças aguardavam no refeitório, porém a baronesa estava ausente.

— Sua mãe não voltou? – perguntou o doutor.

— Voltou, inclusive antes da hora esperada. Está com terrível enxaqueca e foi-se deitar; disse que almoçássemos sem ela – respondeu Liza.

— Estava tão abatida e pálida como nunca – ajuntou o menino.

O almoço passou-se em silêncio. Os hóspedes estavam apreensivos; a criadagem também tinha aspecto desanimado. A morte de Karl e a presença do defunto na casa parecia oprimir todos.

Mais tarde, retornando ao quarto do príncipe, o doutor viu sobre a mesa uma garrafa de champanhe mergulhada num vaso com gelo, e uma bandeja com dois copos e um prato com frutas.

— A bebida é para acompanhar-nos na narrativa de suas terríficas aventuras? – brincou sorrindo Vadim Víktorovitch, apontando para a garrafa.

— Para o caso de o senhor sentir-se amedrontado, o copo de um bom vinho aquece o corpo e mantém o vigor da alma – sustentou em tom sério o príncipe.

Quando os dois se sentaram e acenderam os cigarros, Eletsky disse, após guardar um minuto de silêncio:

— Antes de iniciar o meu relato, gostaria de lhe pedir para manter em segredo as minhas estranhas aventuras. Talvez fosse mais prudente eu me silenciar de todo sobre esses acontecimentos da minha vida; mas, como qualquer neófito, estou obcecado em pregar e converter um cientista incrédulo.

Ambos riram, após o que o príncipe continuou:

— Veja, esta vontade de compartilhar com outros os meus segredos é uma nova qualidade anímica adquirida – o primeiro despertar do altruísmo. Normalmente, o egoísmo e a inveja impedem-nos de disseminar os bens auferidos; em nossos próximos, suspeitamos e tememos um rival, seja aquilo riqueza, sabedoria ou posição social, gostamos de resguardar tudo para uso próprio. Por isso, esta minha vontade incontrolável de compartilhar os conhecimentos adquiridos talvez seja o primeiro despertar do espírito, seu primeiro passo ao objetivo superior.

— Estou feliz em poder ser incluído em seu desejo magnânimo, príncipe, e sou grato pela confiança. Juro-lhe jamais revelar, a quem quer que seja, nenhuma palavra do que me dirá – assegurou o doutor, estendendo a mão ao príncipe, que esta apertou calado, parecendo juntar as idéias.

— Começarei a minha confissão, remontando ao tempo de um acontecimento que não diz diretamente a mim, mas que se constituiu num fenômeno oculto inexplicável, com que me defrontei pela primeira vez. Naquela época eu era, tanto como o senhor agora, uma pessoa incrédula; eu não tinha a oportunidade de conversar com um ocultista de verdade, ou seja, com alguém que vivesse – por assim dizer – fora da vida material, conhecendo suas condições, onde nossas percepções vulgares nada valem. Naquele tempo eu estava em Londres, com a intenção de passar alguns meses para distrair-me e simultaneamente me dedicar à arqueologia, que sempre me interessara. Após me instalar, procurei por meu amigo, Lionel Vorsted; ele servia em Petersburgo junto a uma Embaixada. Era um jovem rico da sociedade, simpático e atraente, que levava uma vida dissipada. Ao revê-lo, sua mudança me deixou perplexo: estava pálido, magro e sombrio – parecia convalescido de uma grave doença. Levava uma vida solitária e todas as suas convicções sociais e religiosas estavam tão radicalmente mudadas, que não o reconheci, ainda que corresse um boato dando conta de um acontecimento misterioso do qual ele era o personagem principal, cuja conseqüência processara a mudança que eu havia notado. Transmitirei ao senhor esse episódio, tal como eu o ouvi do próprio Lionel. Certas lacunas foram preenchidas por sua irmã, *lady* Evelin, que se viu envolvida nesta estranha história.

# VII

Isso aconteceu logo após o seu retorno a Petersburgo. Lionel viajou ao castelo da irmã, *lady* Evelin, para caçar nas redondezas e acabou se apaixonando pela filha do fazendeiro, Fenimor Wilson; a jovem moça também ficou apaixonada por ele. Pelo retrato que eu vi, devo confessar que ela era verdadeiramente encantadora. Tinha a cabeça de um querubim: madeixas louras densas, enormes olhos azuis e tez maravilhosa. Lionel estava louco por ela; os jovens se viam às escondidas e sonhavam unir as vidas, quando então o caso veio a público, desencadeando uma tempestade por parte da família de Lionel. Seu pai planejava casá-lo com a filha de um rico vizinho e, Lionel, pode-se dizer, estava prometido a ela desde a infância. *Lady* Evelin julgou-se afrontada pelo fato de o irmão pretender casar-se com a filha de seu arrendador. Além disso, o pai de Fenimor Wilson era tido como uma pessoa vulgar, maldosa e insolente; sua esposa, um ano antes, matou-se, afogando-se por desgosto. Não era também nenhum segredo que o fazendeiro queria casar a filha com um fazendeiro vizinho. Assim, Lionel sofria pressão de dois lados e, como era de índole boa, conciliadora e até demasiadamente fraca, prometeu desistir de seu amor e da intenção "insensata", noivando solenemente com *miss* Elionor Krown. Alguns dias após esta cerimônia, soube-se que na fazenda de Wilson se realizara o festejo do noivado de Fenimor com o fazendeiro Johnson. Essas notícias abalaram profundamente Lionel. Ele anunciou ao pai que precisava de alguns meses de completo isolamento e descanso e, assim, planejava ir ao castelo legado pela família da mãe, localizado às margens do mar. Os de casa não se opuseram à sua vontade e Lionel, supostamente pela imposição do médico, partiu para respirar o ar marinho. O resto, eu sei de suas próprias palavras.

— Certa vez, perto da meia-noite, ele estava lendo em seu gabinete, quando ouviu uma lufada de vento frio. Pensou que a janela tivesse sido aberta pela ventania vinda do mar; mas, no mesmo instante, ouviram-se sons estranhos, como se alguém tocasse num instrumento uma melodia extremamente triste. Lionel estremeceu, sem entender de onde podia vir aquela música, dilacerando a alma. Neste instante, o reposteiro se levantou e no umbral surgiu Fenimor, trajando um largo vestido de musselina e capa com capuz. Mudo de perplexidade ele a fitou e, depois, num ímpeto de alegria, atirou-se em seus braços.

— Você me traiu, Lionel – disse ela, sorrindo com tristeza e atirando a capa sobre a poltrona.

— Fenimor, não me julgue antes de ouvir! De onde você veio? Você está toda molhada – exclamou o meu amigo.

— Que tempo horrível: está chovendo! Estou de visita na casa do tio, o reverendo Wilson. Nós temos aqui, perto da igreja, um jazigo familiar – disse ela.

Naquela hora, o meu amigo não prestou atenção às suas palavras e pensou que ela tivesse vindo por ocasião da celebração de alguma missa, em memória de alguém falecido. Feliz, ele lhe serviu o vinho e *pirojki*, e eles conversaram bastante. Durante a conversa, ela lhe disse:

— Jamais serei a esposa de quem fiquei noiva. Eu o amo e quero pertencer-lhe.

Os homens são fracos e ao jovem apaixonado foi difícil resistir àquelas palavras. Lionel me confessou que, a partir daquele dia, Fenimor passou a visitá-lo todas as noites, sendo muito fogosa... À sua chegada precediam, invariavelmente, rajadas de vento frio e sons estranhos, e ela sempre partia antes da aurora; mas Lionel parecia enfeitiçado, sem ligar para essas extravagâncias. Apesar das cartas dos familiares e seus pedidos para voltar, permanecia no castelo. Entrementes, ele percebeu que todas as vezes que Fenimor saía, ele sentia uma fraqueza enorme, como se todas as forças vitais o abandonassem, e caía num sono pesado e profundo, tal qual o letárgico. Mas, mesmo a essa circunstância alarmante, não deu qualquer atenção... Sua ausência despropositada começou a inquietar finalmente *lady* Evelin, que amava muito o irmão, assim, ela foi vê-lo. Sua palidez e fraqueza deixaram-na pasma. Inquirido, Lionel assegurou que estava bem em seu isolamento, não querendo se separar dele. Acabrunhada, *lady* Evelin foi buscar informações com a criadagem, e a esposa do administrador confessou finalmente que o jovem lorde era visitado todas as noites por uma mulher, com a qual ele conversava e ria. Ninguém conhecia aquela intrusa, nem sabia de onde ela era; a criada sequer a via chegando ou partindo. Apenas Bob, o grumete, viu certa vez do terraço, antes de amanhecer, uma mulher descendo, de capa preta, numa carreira tão desabalada, que seu destino ele não conseguiu descobrir. O mais estranho é que no piso do terraço ficava um rastro de água, da mesma forma, no dormitório e no gabinete. Os tapetes verificavam-se molhados, mas *sir* Lionel, entretanto, jamais comentou esse fato, como que não o notasse. A velha Sara, esposa do administrador, confessou ainda que certa feita, por curiosidade, foi até o vestuário e espiou pelo buraco da fechadura. Viu então sentada, nos joelhos do lorde, uma mulher de cabelos louros e compridos, beijando-o apaixonadamente; o rosto dela era branco tal qual giz e os olhos fulguravam feito brasas. Preocupada, *lady* Evelin perguntou se por um acaso ela não ouvira o nome da visitante.

— Sim, ouvi – respondeu a velhota. – *Sir* Lionel a chamou de Fenimor por várias vezes.

*Lady* Evelin quase desfaleceu ao ouvir o nome, e só repetiu: "Impossível, impossível!".

Ao perceber o espanto da fiel criada, *lady* Evelin fechou a porta e explicou-lhe a causa de seu espanto. Ela contou a Sara sobre o amor de Lionel a Fenimor Wilson, da oposição dos familiares àquele casamento desigual e do rompimento dos jovens; falou também do velho Wilson, malquisto – um homem imoral que, tendo se amasiado com uma mulher, tiranizou-a, inclusive seus filhos; que a pobre infeliz se afogou para se livrar dos maus tratos. Alguns dias depois da partida de Lionel e do noivado de Fenimor com um fazendeiro, um homem rico mas de idade, a quem detestava, o corpo da mulher foi encontrado na praia. Ela havia se afogado tal qual a mãe, mas as circunstâncias de sua morte eram tão inverossímeis, que *lady* Evelin se recusou nelas acreditar. Dos pormenores do episódio, *lady* Evelin soube por sua governanta – uma mulher de confiança que lhe servia por mais de vinte anos, que, por sua vez, ouvira esta história pela boca da prima do velho Wilson, sua amiga.

No dia daquele infortúnio, Wilson organizara um grande banquete em homenagem aos noivos; a festa prolongou-se e as visitas dispersaram-se tarde. A tia de Fenimor, duas criadas e um jovem cavalariço estavam fazendo uma faxina na cozinha. O tempo estava péssimo: chovia a cântaros e do mar soprava um vento forte, gemendo nas chaminés e sacudindo árvores seculares no jardim; o barulho surdo das ondas se quebrando acentuava a impressão lúgubre. Na cozinha, o trabalho era feito em silêncio; vez ou outra os trabalhadores lançavam olhares, cheios de pena, para a pobre Fenimor, de cujas faces escorriam lágrimas amargas. Mal bateu a meia-noite, ouviu-se o repicar fúnebre dos sinos da igreja e, quase imediatamente, escutaram-se três fortes batidas na porta. Fenimor empunhando uma vela levantou-se para abri-la, seguida da tia, de mais criadas e do cavalariço chamados, pois ela receava algum vagabundo, querendo se abrigar do mau tempo. Qual não foi o terror, quando aberta a porta por Fenimor todos viram no umbral a fazendeira afogada, no mesmo vestido em que fora enterrada e até com o crucifixo que lhe fora colocado na mão. De sua roupa e cabelos escorria água em profusão. Todos estacaram aterrorizados. Fenimor lançou-se adiante, exclamando:

— Querida mamãe! Se você soubesse como estou infeliz!

— Sei, meu bem. A morte é mais misericordiosa que os homens. Venha comigo, pobre Fenimor – disse numa voz fraca mas nítida.

Deixando cair das mãos o crucifixo, a aparição abraçou a moça, conduziu-a consigo e, instantes depois, ambas desapareceram na escuridão da noite. As testemunhas desta cena se paralisaram de pasmo, no início; recuperados, a tia, o cavalariço e uma das criadas partiram em perseguição de Fenimor, mas a moça e a aparição haviam sumido. A tempestade no pátio não dava trégua e, com risco de serem varridos pelo vento, eles se abrigaram na casa. Os gritos e a algazarra acordaram o velho Wilson. Ele ficou possesso com o alarme dado e, ao ouvir a explicação, começou a xingar; mas, quando lhe mostraram o crucifixo deixado pela aparição, deixou-se cair na cadeira. A cruz era realmente a mesma que ele havia deixado nas mãos da esposa morta. Somente de madrugada, o furacão se amainou e, então, iniciou-se a busca de Fenimor, mas tudo foi debalde; só bem mais tarde os pescadores trouxeram o corpo encontrado boiando perto dos recifes. Os pescadores asseguraram que a tempestade não fora assim tão terrível como afirmavam na fazenda de Wilson.

— Como já lhe disse, *lady* Evelin não acreditou nos rumores, mas o que acabava de ouvir de Sara abalou-a fortemente. Por outro lado, despertou-se-lhe a suspeita de que toda aquela história não passava de uma simples invenção ou intriga, para reconquistar o amor de seu irmão a qualquer custo, e que a moça não fora enterrada, mas escondida. Naturalmente, ela queria desvendar a história e mandou chamar o grumete, ao qual prometeu uma bela gratificação, se ele vigiasse a saída da misteriosa visitante de *sir* Lionel e conseguisse descobrir de onde ela vinha e onde morava. Bob era um rapaz de uns vinte anos, corajoso e enérgico, que não tinha medo de nada; a recompensa ajustada animou-o ainda mais. Ele decidiu seguir a misteriosa dama, por mais esperta que ela fosse. Mais tarde, Bob contou que ele tinha intenção de flagrá-la no momento de sua vinda; mas, quando ele ocupou seu posto de vigilância no corredor, perto do terraço, pela primeira vez na vida sentiu um pavor inexplicável e acabou pegando no sono; ao acordar, a forasteira já estava no quarto de *sir* Lionel, do que ele se convenceu ao colar o ouvido na porta. Louco da vida e envergonhado pela falta, Bob resolveu vigiá-la embaixo do terraço; além disso, por prevenção, atrelou um cavalo, para partir em sua perseguição, mesmo que ela tomasse automóvel ou coche. Desta vez Bob conseguiu superar o sono e, quando os galos começaram a cantar, viu a mulher aparecendo no terraço, vestida em capa preta e com capuz abaixado. Feito uma rajada de vento, ela passou ao lado de Bob, correndo qual gazela que se visse perseguida por matilha de cães. Temendo perdê-la de vista na escuridão, Bob montou o cavalo e pôs-se a persegui-la abertamente, julgando que ela fosse pegar um coche. A perseguição tornava-se cada vez mais difícil, pois a mulher saiu pelos campos, correndo em direção ao pântano, totalmente intransitável. Acompanhá-la por aquele caminho era impossível; o cavalo se rebelou: arrepiou os pêlos, empinou-se e recusou-se a prosseguir. Mas o grumete era pertinaz: com vergasta e esporas, ele obrigou o cavalo a obedecê-lo e, a todo galope, partiu por uma trilha beirando o pântano, pelo qual a misteriosa dama corria sem tocar os pés no chão. Por estar envolta numa luz fosfórica, Bob pensou que ela carregava uma lamparina.

Prosseguindo sua perseguição desenfreada, o grumete viu a desconhecida sair do pântano e, através de campos, seguir em direção a uma pequena cidade, cujo campanário da igreja se delineava no lusco-fusco da aurora. Subitamente, a dama perdeu-se de vista. Bob, suando em bicas, aproximou-se do lugar de seu sumiço e viu-se diante de um pequeno muro. Sem pensar muito, pôs os arreios no pescoço do cavalo, transpôs o muro e saltou. Estava num cemitério. Diante, divisavam-se os crucifixos e, no fundo de uma alameda longa, ele viu uma capela funerária. Por aquela alameda corria a jovem, já não tão lépida e, subitamente, ela desapareceu. Pareceu ao grumete que ela havia entrado na capela. Ele examinou o monumento cercado de grade em bronze trabalhado e leu a inscrição de que ali se encontrava o jazigo familiar da família Wilson. O grumete imaginou que a hábil desconhecida, ao se ver perseguida, escondeu-se por ali, julgando provavelmente que num cemitério e justo num jazigo familiar ela não seria procurada. Entretanto, aquilo o intrigava muito. Como alguém pôde atravessar um pântano, sem nele se afundar, e depois penetrar na capela funerária de uma família a quem, provavelmente, nem pertencia? Decidido a desvendar o mistério o quanto fosse possível, Bob esperou o dia clarear, depois foi à igreja e conversou com uma empregada, que o informou de que Wilson era um homem velho e sem família, morava isolado e não recebia ninguém. A chave do jazigo ele conservava consigo e ninguém podia entrar lá.

— O relato do grumete desapontou *lady* Evelin. Ela não comentou nada com Lionel, pois este estava febricitante e tinha aspecto doentio, queixando-se de dor de cabeça insuportável e cólicas por todo o corpo. Perspicaz, *lady* Evelin compreendeu que alguma coisa misteriosa estava acontecendo, para a qual não tinha resposta devido à sua ignorância, nem, muito menos, podia ajudar. Instintivamente, movida por amor ao irmão, sabia que a questão era de vida ou morte e que ele caíra vítima de forças desconhecidas. Desesperada, convicta da inutilidade de apelar para a ciência oficial, ela não conhecia ninguém que lhe pudesse dar uma luz na misteriosa ciência do mundo invisível. Socorreu-a a esposa do administrador. Esta lhe disse que, não muito longe dali, vivia um velho, de nome Brandle, tido nas redondezas como um bruxo, motivo de relatos estranhos. Supostamente, ele conversava com mortos, fazia poções mágicas e teria realizado diversas curas milagrosas. Talvez ele pudesse dar alguma luz para aquele enigma, já que conversava com os mortos, por meio dos quais se poderia descobrir a verdade sobre Fenimor. *Lady* Evelin agarrou-se a esta idéia e, sem comentar nada com ninguém, foi à casa do feiticeiro.

*Mister* Brandle ouviu atentamente *lady* Evelin, mas não lhe fez nenhum esclarecimento, prometendo passar à noite no castelo e pedindo que Lionel não fosse avisado. Fora isso, ele deu algumas ordens. Os Vorsted eram católicos e no castelo havia uma pequena capela, onde eram realizadas missas nos feriados santos. *Mister* Brandle pediu para tirarem o crucifixo do altar e colocá-lo na cabeceira da cama de Lionel, escondido pelo cortinado, de modo que ele não o pudesse descobrir. Era preciso também borrifar todo o quarto com água benta; na gaveta da mesa, sobre a qual seria posta a bandeja com vinho e *pirojki*, ele pediu que fosse colocado um escrínio com relíquias e hóstia consagrada.

À noitinha, Lionel estava mais animado. Ele riu e palreou com a irmã, mas se recolheu cedo. Por volta das dez horas, veio *mister* Brandle. Ele solicitou que lhe trouxessem dois candelabros do altar, acendeu-os e colocou no quarto, ao lado do dormitório de Lionel, onde também se escondeu. Ao mesmo local, à meia-noite, deveriam vir *lady* Evelin, Sara, o administrador e o grumete Bob. Quando estes chegaram, viram *mister* Brandle segurando numa das mãos uma concha, da qual recendia um forte odor, e na outra – um toco de vela acesa. Assim que bateu meia-noite, no dormitório ouviu-se um barulho, ou melhor: um ruído, como se em ferro em brasa fosse despejada água fria.

— É ela! – sussurrou *mister* Brandle.

— Meu Deus! O que há com você, Fenimor? Por que... – ouviu-se a voz alarmada de Lionel, mas suas últimas palavras foram abafadas por um grito desatinado e ronquenho.

*Mister* Brandle correu para o dormitório, seguido de outros. Lionel estava semi-estendido no leito, uma mulher de branco, envolta em cabelos loiros soltos, segurava-o pela garganta e, aparentemente, tentava asfixiá-lo. O rosto dele estava azulado e os olhos esbugalhados. Brandle viu-se imediatamente junto ao leito. Uma rajada violenta de vento como que atirou a mulher para o alto e seu corpo se enrodilhou, soltando colunas de fumaça negra e nausebunda, tão forte que *lady* Evelin, o administrador e sua esposa sufocaram-se e caíram desfalecidos. O corpo de Fenimor parecia um saco vazio. Neste instante, a janela abriu-se ruidosamente, turbilhonou uma rajada de vento glacial e tudo desapareceu... *Mister* Brandle tirou do bolso um frasco e esvaziou o conteúdo no chão; pelo quarto se espalhou um aroma forte e agradável, limpando o ar. Todos, com exceção de Bob, jaziam sem sentidos; ele, ainda que tremendo todo, ajudava Brandle a transportar Lionel e os outros para o quarto ao lado.

O ocultista ordenou ao grumete acender imediatamente a lareira, enquanto despia Lionel e o esfregava com essência aromática; os chumaços de algodão usados atirou na lareira. Ato contínuo, ele descerrou-lhe os dentes e verteu em sua boca um líquido vermelho. Um pouco depois, Lionel abriu os olhos; de fraqueza não conseguia mover os lábios. Brandle ocupou-se dos outros, que aos poucos foram recuperando os sentidos. Quando todos estavam bem, Brandle aconselhou *lady* Evelin levar o irmão à casa dela, fazê-lo repousar por alguns dias na cama, ministrar-lhe o remédio fornecido e avisá-lo imediatamente se acontecesse algo de estranho. *Lady* Evelin não via a hora de abandonar o castelo, que lhe sugeria terror e, duas horas depois, levava de automóvel o irmão, dormindo sono pesado.

*Mister* Brandle pediu para o administrador que desinfetasse o dormitório antes do amanhecer, mas o velho se recusou categoricamente a transpor o umbral do lugar diabólico e, novamente, o intrépido grumete se propôs ajudá-lo. O quarto estava uma bagunça. A travessa, a garrafa de vinho e os *pirojki* estavam espalhados pelo chão; o leito, o lençol, os travesseiros e o cobertor literalmente rasgados, e até os cortinados velhos de seda pendiam em farrapos, com exceção da cortina junto à cabeceira onde estava o crucifixo, que permaneceu intacto. No meio do quarto, via-se uma poça de sangue preto com pedaços ensangüentados de algo parecido com fígado, e nessa repugnante massa boiava uma pasta amarelada e nauseabunda. Sobre essa nojeira foi despejada cal virgem; depois, o ocultista defumou o ambiente, borrifou-o com água benta e incinerou na lareira toda a roupa de cama e as cortinas. Bob ajudava com presteza e coragem crescente. *Mister* Brandle o elogiou e acrescentou que, se ele não tivesse medo, nem mais tarde desse com a língua nos dentes, poderia levá-lo para dar uma ajuda no último ato do drama. O grumete assegurou que, depois daquilo que havia presenciado, nada mais o assustaria no mundo e que ele estava ansioso para saber como iria acabar a história da "dama do cemitério". Quanto ao sigilo, ele o manteria, pois jamais iria contar àquela gente tola e pusilânime tais acontecimentos estranhos, impossíveis de serem compreendidos.

Na manhã do dia seguinte, *mister* Brandle e o grumete dirigiram-se à cidadezinha, onde o ocultista informou ao pastor Wilson sobre o ocorrido, pedindo-lhe que este lhe desse a chave do jazigo e abrisse o caixão de Fenimor, para evitar desgraças que poderiam suceder. Constrangido, o pastor ouviu desconfiado o relato.

— O que o senhor espera exatamente encontrar no caixão daquela infeliz? – perguntou ele.

— Indícios de que a larva foi eliminada – respondeu Brandle.

Após refletir por instantes, Wilson anuiu, com a condição de que também fosse levado; em seguida, os três desceram ao jazigo. O corpo de Fenimor descansava num caixão metálico, ainda decorado com coroas de flores ressequidas. Quando tiraram o tampo, aos olhos dos presentes se descortinou um quadro realmente terrificante.

Na cabeça enegrecida da morta não sobrara nenhum fio da antiga cabeleira vistosa; o rosto, transfigurado por convulsões, era o de uma velhota de oitenta anos, e o corpo semidesnudado, mal coberto por farrapos, constituía-se de membros contorcidos, a barriga aberta, cheia de sangue coagulado e uma massa grudenta e malcheirosa, colada às entranhas.

O pastor caiu de joelhos aterrorizado, recitando orações, mas *mister* Brandle apressou-se em depositar no peito do cadáver o símbolo místico, cobriu o interior do caixão com ervas aromáticas e ramos resinosos, depois acobertou o corpo com lençol, com desenhos de sinais cabalísticos e abaixou o tampo. Em seguida, após defumar e espargir o jazigo com água benta, todos saíram.

Na mesma noite, um mensageiro montado passou na casa de *mister* Brandle para pedir-lhe que ele fosse ao castelo de *lady* Evelin, pois Lionel havia caído em estado letárgico, do qual ninguém conseguia tirar. Brandle saiu imediatamente e encontrou o enfermo próximo à morte. Os médicos chamados revelaram-se impotentes diante de seu estado e o consideraram desenganado. Após examinar atentamente o enfermo, o ocultista anunciou a *lady* Evelin, esvaída em lágrimas, que, se não fosse prestada uma rápida ajuda ao irmão, a letargia acabaria em morte, e adicionou:

— *Sir* Lionel é vítima de uma força poderosa e cruel; no momento, está extinguindo-se seu corpo físico, pois o espírito já foi levado à esfera das larvas e elementais. Para salvá-lo precisamos de alguém mais forte do que eu, sou apenas um aprendiz da ciência hermética.

*Lady* Evelin estava desesperada. Adorava o irmão, a quem criou após a morte da mãe, pois era quinze anos mais velha que ele. Ela suplicou chorando que Brandle salvasse Lionel.

— Vou tentar uma última solução para ajudá-lo. Tão logo eu prepare tudo de que preciso, viajarei para trazer uma pessoa.

Ele deixou junto ao leito do enfermo um braseiro com carvões e ervas, deitou sobre eles um pó branco e um líquido resinoso e denso, feito mel e, quando acendeu aquele lume, espalhou-se uma cerrada fumaça de odor forte mas agradável. De reserva, Brandle deixou ainda um cesto com diversas ervas, prescrevendo que a defumação fosse mantida 24 horas por dia, cuidando-se para que o fogo não se apagasse. Da mesma forma, teria de haver uma pessoa constantemente velando o doente, enxugando-lhe o rosto e as mãos com água benta misturada em uma porção de solução de ládano. *Lady* Evelin me disse que os dois dias que ela passou sem *mister* Brandle foram para ela e sua dama de companhia os mais terríveis na vida. A dama de companhia, *miss* Consuelo Smith, uma velha solteirona bondosa e religiosa, auxiliou *lady* Evelin a cuidar de

Lionel e presenciou fenômenos bizarros e horripilantes. Devo dizer que ambas viram e ouviram as mesmas coisas: barulho estranho, pássaros ruflando asas, arrasto de sacos pelo chão, rajadas de vento glacial pelo quarto, miados de gato pelos cantos. Porém o mais assustador eram as sombras escuras, vindas não se sabe de onde, que se aglomeravam junto da cama..

As pobres *lady* Evelin e *miss* Smith passaram aquele tempo com os cabelos em pé; de qualquer forma, permaneceram firmes em seu posto, orando ardorosamente.

Finalmente dois dias depois, à noite, chegou Brandle com um homem de talhe alto, envolto dos pés à cabeça em capa preta. Brandle carregava cuidadosamente um grande escrínio preto com quinas em prata. Ambos passaram ao quarto do enfermo e fecharam a porta. Brandle depositou o escrínio sobre a mesa e ajudou o seu companheiro a tirar a capa. Este se revelou um homem magro. Seu belo rosto brônzeo, tipo indiano, era emoldurado por cabeleira e barba negras. Trajava vestes brancas e compridas e um turbante de musselina. Muda de surpresa, *lady* Evelin reconheceu nele o jovem rajá de nome Vedjaga Singa, que já encontrara nos salões londrinos da alta sociedade e na corte, onde esse aparecia amiúde.

Mal o hindu adentrou, dos cantos ouviram-se estrondos, os vidros da janela foram alvejados por chuva de areia, rajadas tempestuosas de vento turbilhonaram pelo quarto. Na lareira uivou e gemeu o vento e escutou-se, nitidamente, o barulho dos passos de uma volumosa multidão, que se apinhava e se empurrava como que em direção a uma saída estreita. Lançando um sorriso ludibrioso *para Lady* Evelin que tremelicava de medo, o hindu cumprimentou respeitosamente a anfitriã e pediu-lhe para se acalmar. *Lady* Evelin reiterou suas súplicas para salvar o irmão. O hindu simplesmente assegurou que para isso ele estava lá e pediu que ela saísse do quarto e orasse. O que aconteceu depois, eu sei do próprio Lionel, impressionado pelo resto da vida.

Uma dor lancinante em todos os membros tirou-o do estado da inconsciência. Ele se viu pairando sobre a cama, onde jazia o seu corpo estendido, ligado a ele por um fio ígneo, que ora se esticava, ora se afrouxava. Mas aquelas outras coisas na cama, junto ao seu "eu", eram tão asquerosas que ficou assombrado. Criaturas negras e nojentas, metade seres humanos, metade animais, grudavam-se feito sanguessugas ao seu corpo, envolvendo-o por um vapor denso e pegajoso. Do outro lado da cama, tal qual uma coluna ígnea, estava parado um homem; de sua cabeça, costas, peito e mãos irradiavam-se feixes largos, que oscilavam e coruscavam em chamas multicolores. Mas eis que os feixes límpidos incidiram sobre o corpo inânime e, à medida que eles atingiam uma das criaturas nojentas, esta se incendiava feito uma tocha, contorcia-se, soltando urros terríveis, e separava-se do corpo em forma de espiral negra, derretendo no ar. Então, notou que o seu corpo estava todo coberto de mordeduras pretas sangrentas e ele teve a sensação de ser perpassado por uma corrente ígnea; rodopiando, sentiu-se caindo em algo denso e pesado. Depois, perdeu os sentidos. Ao voltar à consciência, sentiu que um calor benfazejo lhe percorria os membros frios e enrijecidos; o peso plúmbeo derretia-se rapidamente e ele se via como que atingido por uma chuva de tufos de penugem, tépidos e macios, produzindo sensação de bem-aventurança indescritível; depois, uma torrente ígnea atravessou-lhe o cérebro e a garganta; soltando um grito débil de alegria, ele abriu os olhos. Viu então turvamente um homem que se lhe inclinava, apertando-lhe a mão e dizendo:

— O senhor voltou à vida, meu amigo; agora fique quieto, tome este remédio tonificante e, depois, durma. Com o auxílio de Deus, o senhor logo ficará bom.

O príncipe se calou, olhando pensativamente para o espaço, como se observasse um quadro longínquo.

# VIII

Vadim Víktorovitch estava calado. O que ouviu, deixou-o perturbado; porém o ceticismo em que fora educado era seu axioma, de modo que falou:

— Aleksei Adriánovitch, o senhor tem certeza da veracidade dos fenômenos narrados? Não foram alucinações de uma mente imaginativa, muito excitada? – perguntou ele, a meia voz.

— O senhor considera esses fenômenos inverossímeis, porque não conhece as leis a que eles se subordinam, da mesma forma que não tem idéia do mundo invisível que o cerca.

— Sem dúvida, não conheço nada neste campo e nunca me interessei por isso; entretanto, estou até disposto a admitir a existência de outro mundo e a sobrevivência do espírito. Mas a minha razão recusa-se a compreender como um espírito pode aparecer num corpo tão tátil e material, a ponto de manter uma relação amorosa ou matar.

— Compreendo o seu ponto de vista, todavia o senhor não quer levar em consideração as experiências de Krux com o espírito materializado de Katia King[6]. Se aquele espírito permitiu que o professor pudesse examinar-lhe o pulso e auscultar-lhe o coração, o que poderia evitar que ele o apunhalasse ou flertasse com ele? Mas não é disso que gostaria de falar. Queria lhe dizer que os vampiros, tipo Fenimor, são espíritos malignos, cujo corpo astral está carregado de fluidos selvagens e materiais; aliás, esta questão é assaz complexa e eu demoraria para explicar-lhe as leis, já que o senhor é totalmente leigo. Por sinal, o acontecimento de hoje é um fenômeno tão convincente e terrível que, a meu ver, pode abalar as convicções de um cético dos mais arraigados.

— O senhor tem razão, príncipe, estou assombrado com o ocorrido e gostaria de entender essas coisas. Mas me diga: como o senhor teve acesso a esses conhecimentos? Teve algum mestre? Por acaso – Brandle, do qual o senhor falou, o hindu misterioso, ou lhe aconteceu algo iluminador, desencadeado por experiências que queira me contar? Conte, por favor! Reitero-lhe o meu juramento solene de guardar segredo.

O príncipe deitou um olhar triste em Vadim Víktorovitch, suspirou e passou a mão pela testa, como se quisesse afugentar pensamentos enfadonhos.

— Não suspeitei por um minuto de sua discrição, Vadim Víktorovitch e como o meu relato conterá respostas para algumas de suas dúvidas continuarei com ele. Devo dizer que foi justamente por intermédio de Lionel Vorsted que eu tive a felicidade de conhecer os mestres que me iluminaram e me orientam até hoje no caminho ao saber.

Ele tomou o vinho, encheu o copo para o doutor e para si, e continuou:

---

(6) William Krux, cientista inglês, junto com outros 23 cientistas, fez experiências de "Materializações" do espírito de uma princesa indiana – Katia King. Ele foi o descobridor do elemento Tálio e agraciado com o prêmio Nobel. (N.T.)

— Já mencionei que fiquei extremamente impressionado com a mudança que se processara com o caráter e os hábitos de Lionel. Como me disseram que ele esteve doente, atribuí a sua humildade puritana ao capricho do convalescente e à carolice da irmã. Assim, de seu gabinete desapareceram fotos de mulheres desnudadas; os livros pornográficos e romances picantes, na biblioteca, deram lugar a livros relatando viagens pitorescas, obras filosóficas e de ocultismo. Vivia ele solitário, saía pouco; amiúde eu encontrava em sua casa *mister* Brandle e o rajá Vedjaga Singa. Este último, eu já conhecia um pouco antes, pois o encontrara em alta-roda, mas desconhecia o seu papel na vida de Vorsted. Todavia, eu levava uma vida prazerosa, em meio à atividade arqueológica. Assim, de manhã, eu trabalhava no Museu Britânico, em sua seção egípcia ou asiática e, ao retornar, saía para divertir-me. Por várias vezes convidei Lionel para as minhas incursões recreativas – em Petersburgo nós éramos inseparáveis –, mas todas as vezes ele declinava. Certa feita, estava em vias de ser promovida uma festa particularmente divertida em companhia de algumas artistas; eu insisti que o amigo tomasse parte, mas ele tornou a se recusar. Resolvi então esclarecer o assunto definitivamente.

— Explique-me, Lionel, o que está havendo com você e por que é que você está levando essa vida de ermitão? Você já se recuperou da saúde, é jovem, rico e ainda desimpedido. (Esqueci de lhe dizer, Vadim Víktorovitchk, que devido a uma enfermidade séria da noiva, o casamento dele fora adiado por um ano). – Peço-lhe, meu amigo, responda sinceramente; acho que mereço sua confiança. Algum mal, por acaso, corrói-o por dentro ou você está apaixonado por outra mulher e já não ama sua noiva, eleita pela família, ou você então fez votos de castidade? Não o estou reconhecendo, nem entendo sua inexplicável mudança.

Lionel não respondeu imediatamente. Percebi apenas que ele estava hesitante e insisti. Subitamente ele se decidiu, agarrou-me a mão e apertou-a forte.

— Eu sei, Aleksei, que você é meu amigo, por isso vou lhe contar a verdade. Prometi a mim mesmo ser uma outra pessoa; percebi que levava uma vida dissipada e indigna – uma dádiva valiosa do Pai Celeste – e que estava me tornando bestificado. Ao invés de ascendermos à luz, da qual fomos criados, passamos o tempo bebendo, comendo e buscando prazeres; em outras palavras: vivemos excitando todos os instintos carnais baixos. Só pensamos no corpo, na ânsia de satisfazer o animal que em nós habita, enquanto o seu gestor – o espírito – prendemo-lo a ferro; no entanto, quantas forças divinas e poderes misteriosos se espreitam nesse súpero e imortal soberano. Fui cego e jamais suspeitei dos tesouros inesgotáveis em mim nidificados, que me ajudaram a avançar no caminho do aperfeiçoamento; parei de ser escravo dos meus instintos animais. Ah, Aleksei, meu amigo, se você pudesse entrever os perigos que nos espreitam, estudar a ciência da alma, compreender a quantidade das forças desconhecidas que constituem o nosso ser, aprofundar-se em incríveis e terríveis mistérios do outro mundo, você teria se tornado meu fiel companheiro nesta nova vida!

Inspirado, Lionel parecia transformado e seus olhos brilhavam de fé e energia; eu o fitava embaraçado, sem nada entender. Assegurei-lhe que o assunto me interessava, dizendo que eu queria conhecer justamente a conjugação das circunstâncias que o mudaram radicalmente. Ele me contou o incidente com Fenimor, as terríveis visões que teve durante a letargia, entre outras coisas. Disse que o terrível abalo físico e moral deu outro rumo ao seu modo de pensar; ele ficou tomado por uma vontade irresistível de compreender o mecanismo das forças malévolas, vítima das quais fora, e de alcançar os poderes enigmáticos de Vedjaga Singa, que o havia salvo. Assim, ele insistiu suplicante a Brandle e ao hindu para iluminarem-no; esses aquiesceram, desde que Lionel confirmasse a sinceridade de suas intenções através de testes exigidos. Após uma severa provação ao longo de alguns meses, Vedjaga Singa introduziu-o na irmandade misteriosa, nos arredores de Londres, onde se aceitavam apenas buscadores da verdade sérios e ardorosos. A irmandade, cuja existência é totalmente desconhecida, é um centro de onde saem os missionários, dignados em propagarem a luz entre os irmãos, cegos em sua ignorância e paixões.

O que ouvi dele fez-me esquecer da bebedeira, para a qual eu fora convidá-lo... Diante de mim se descortinavam novos horizontes e, de repente, senti a existência do mundo invisível que nos cerca, de onde viemos e para onde vamos, após uma vida terrena e fugaz... E se ele estivesse certo? Pois, de fato, era insensato e criminoso transformar em bacanal a nossa vida espectral e passageira, sempre à mercê da morte!... Então, a educação da alma, infelizmente desdenhada, era uma necessidade, um dever nosso...

Passei com Lionel a noite inteira conversando. Quando nos despedimos, o dia estava clareando e em mim assomara-se uma enorme vontade de estudar a ciência da alma.

Lionel forneceu-me livros, que devorei avidamente, e com isso fui penetrando no mundo diferente, de cuja existência nem sequer suspeitava. Só então compreendi o profundo sentido das palavras de Cristo: “Nem só de pão vive o homem”.

Aos poucos comecei a evitar a sociedade que antes tanto procurava; as festas tornaram-se-me repugnantes como que poças de lama, pois eu sabia dos miasmas venenosos, emanados das orgias. Desisti também dos alimentos pesados e prejudiciais à carne, tomando nojo dos cadáveres em decomposição que comemos; essa abstenção proporcionou-me um bem-estar de verdade. Aproximei-me mais de Brandle e Vedjaga Singa;

eles me apoiaram e suas palestras profundamente instrutivas fortaleceram-me a decisão de tornar-me um outro homem. Aos poucos, em me muni de coragem e pedi a Brandle para ser admitido na irmandade misteriosa, já que ali só eram aceitas pessoas de boas intenções. Ele me respondeu que aquilo dependia de Vedjaga. O hindu misterioso, ao chegar meia hora mais tarde, parecia ter lido os meus pensamentos e disse-me, sorrindo:

— O senhor quer ingressar em nossa pequena comunidade, aliás pouco conhecida? Conhece o caminho até ela?

— Não – respondi. – Eu sei que o céu existe, mas quem poderá encontrar o caminho para o paraíso, sem um guia?

Ele deu-me então uma prova de seis semanas. Durante esse período, eu deveria estudar alguns livros de iniciação, aprender a me concentrar, habituar-me à escuridão e silêncio e submeter-me ao tratamento médico. Após suportar a prova e tendo merecido a aprovação do mestre, fui honrado com sua promessa de levar-me à reunião seguinte. A semana que antecedia este evento passei com Lionel. Ele me fez tomar banho de imersão duas vezes por dia, adicionando na água um estranho líquido fosforescente; alimentei-me exclusivamente de pão e leite. Finalmente chegou o dia aguardado impacientemente.

À tardezinha, fui com Lionel no automóvel dele e – coisa estranha! – adormeci imediatamente. Quando acordei, vi-me num quarto de paredes escuras, suavemente iluminado por abajur. Estava deitado num sofá de estofos de seda; esfreguei os olhos sem entender como tinha parado naquele lugar desconhecido. Subitamente, lembrei-me de ter tomado carro para ir com Lionel para a reunião da irmandade. Acabrunhado, sentei-me no sofá; nisso, *mister* Brandle interrompeu os meus devaneios.

— Vamos! Vou apresentá-lo aos mestres – disse, pegando-me pelo braço.

Através de uma galeria sem janelas, adentramos uma sala oval, no fundo da qual se encontrava um nicho fundo e amplo, drapeado por pano vermelho. Ali, na altura de um degrau, havia sete cadeiras em veludo, em semicírculo, ocupadas por homens em longos trajes brancos e turbantes de musselina. Seus rostos brônzeos eram do tipo oriental. Depois eu soube que, entre aqueles adeptos da ordem superior, na maioria hindus, havia um árabe, um egípcio e um tibetano. Seus nomes e o seu passado não sei até hoje, com exceção de Vedjaga Singa, se é que esse nome não é inventado; todos eram chamados simplesmente por mestres.

Não pude despregar meu olhar daqueles homens majestosos, dos quais emanavam serenidade solene e bondade infinita; os olhos insondáveis feito abismo respiravam força de vontade hercúlea – o que me fez, involuntariamente, curvar-me diante deles. Sem exagero, confesso que naqueles homens enigmáticos a límpida beleza interior e a grandeza de seus seres brilham até através do corpo. Jamais me senti tão insignificante, ignorante, mísero e pesado feito uma rocha. Eu tinha dificuldade de respirar e parecia que, por entre os turbantes, filtrava-se um clarão azul dourado. Conscientizei-me da minha própria nulidade: um constrangimento que deve experimentar um mendigo, a quem foi dada a permissão de entrar num rico salão. Caí de joelhos diante do estrado, sufocando-me de choro convulsivo.

No mesmo instante, senti na cabeça mão cálida e firme; em seguida, alguém me fez levantar. Era um dos mestres. Ele me beijou na testa, abençoou-me e disse cordialmente:

— Receba o ósculo fraterno! Seja firme, alma humana que se desperta para contemplar a beleza celestial. Olhe para seus orientadores e irmãos, seus mestres e amigos!

Em seguida, cada um deles me osculou, abençoou; o que falou primeiro, disse:

— Ouça, meu filho, e grave as palavras em seu coração, pois, simultaneamente, eu lhe transmito os pensamentos de seus mestres. Nesta hora grandiosa, em torno de você se formará um círculo mágico; nós nos tornaremos seus próximos e você receberá o batismo espiritual, que o unirá fluidicamente a nós. Cada um ensinará a você de acordo com sua especialidade na ciência. Entretanto, não espere que isso o livrará de lutas e provações; é bem possível que você tropece algumas vezes, torne-se vítima de suas próprias fraquezas, uma vez que a queda faz parte da vida de um homem, aos pés da escada. A carne é um monstro terrível, que tolhe o caminho à ascensão, mas isso não deve afrouxar sua coragem. Após cada queda, cada impetuosidade ou fraqueza, sejam elas milhares, aquele que busca a luz deve se levantar e retomar a luta contra os demônios da carne, para avançar até a vitória completa – uma vitória bela e grandiosa sobre si mesmo. E agora, meu filho, faremos o batismo místico, que o unirá à "Irmandade do Sol Nascente". Vá e prepare-se para a cerimônia!

*Mister* Brandle e Lionel pegaram-me pelas mãos e me levaram ao quarto contíguo, onde me despi; depois, eles me colocaram uma túnica sem mangas, de modo que fiquei com o pescoço, braços e pés desnudados. A seguir, levaram-me à outra sala, também circular, onde estavam os sete mestres e mais outros membros da irmandade – todos em vestes brancas. Nas mãos, eles empunhavam velas de cera multicolores, das sete cores do arco-íris, e no peito envergavam estrelas em correntes de ouro e prata. Mais tarde eu descobri que as diferentes correntes e cores de vela significavam o grau da iniciação obtida. Brandle e Lionel levaram-me diretamente aos mestres. Dois deles ergueram-me, feito criança, e mergulharam-me por três vezes com a cabeça na água fria do tanque, de sorte que fiquei instantaneamente com a respiração sustada. Finalmente, fiquei com a água até o pescoço; os mestres formaram um círculo em torno do tanque e entoaram um canto. A estranha e poderosa melodia do hino sacudia cada nervo meu. Ao término do canto, um dos mestres perguntou:

— Você tem medo de água?

— Não – respondi.

— Você tem medo de fogo?

Não tive tempo de responder: a água começou a escoar e o tanque, em poucos segundos, ficou vazio.

— Queime, queime, queime o invólucro rude da carne e substitua-se por vestes ígneas – pronunciou majestosamente o mestre.

No mesmo instante, a túnica branca que eu vestia se incendiou, envolvendo-me por chamas; todavia eu não senti nenhuma dor, apenas um calor intenso. Em resposta, quase gritei:

— Não, eu não tenho medo do fogo!

Imediatamente senti suaves picadas e uma espécie de corrente de fogo se espalhou sob a minha pele. Então os mestres me tiraram do tanque, vestiram-me numa túnica bordada a ouro, cingiram-na com faixa prateada e no pescoço penduraram uma estrela em corrente de prata. Em seguida, levaram-me para uma capela, onde eu li um juramento de "à medida de minhas forças respeitar as grandes leis que governam o Universo, gerar amor, ser magnânimo e piedoso, tornar-me um 'catador de almas', difundindo a luz adquirida dos conhecimentos entre os irmãos pela humanidade, cegos pelo egoísmo e ignorância". Quando terminei o meu juramento, um mestre pegou do altar um cálice, encimado por crucifixo, e deu-me de beber um líquido vermelho e tépido, após o que fui dominado por bem-estar indescritível.

A reunião terminou por um repasto vegetariano, durante o qual os irmãos cantaram em coro; os mestres conversaram comigo e com outros buscadores da verdade.

— Príncipe – disse Vadim Víktorovitch, aproveitando uma pausa –, o senhor não tem medo de provocar o descontentamento de seus orientadores, revelando para um profano os mistérios a que teve acesso?

— Não – respondeu Eletsky, sacudindo a cabeça –, eu posso falar disso, desde que seja para salvar uma alma. Hei de confessar que justamente o senhor, doutor, eu gostaria de salvar. O senhor é um homem da ciência, uma pessoa bastante iluminada, caída por suas paixões animais num atoleiro que ameaça engoli-lo. O senhor se acha seriamente ameaçado e eu gostaria de iluminar-lhe a alma.

— Agradeço-lhe por seu interesse, a despeito de toda a imundície moral que o senhor vê em mim – respondeu o doutor, corando intensamente.

— Não precisa se envergonhar, pois também fui vítima de fraquezas da carne e traições covardes. Não fosse o mestre, seria também um renegado, um peão mísero no reino das trevas. A minha queda foi mais imperdoável, porque os meus olhos já estavam entreabertos e eu tinha antevisto a luz. Mas continuarei com o meu relato e, inicialmente, transmitirei a essência da primeira lição aprendida.

"A primeira tarefa daquele que aspira à verdade e luz deve consistir na transformação do sangue" – disse-me o mestre. "Saiba, meu filho, que existem vários tipos de sangue. Pegue, por exemplo, o sangue vulgar de um homem material, obcecado por paixões animais; ele quase não difere do sangue de um animal, porque está cheio de substâncias em decomposição, tal qual qualquer ser que se alimenta de cadáveres. Em sua presunção, o homem abomina hienas e chacais pelo fato de eles se alimentarem de carniça; no entanto, o que faz o próprio homem? Ou será que ele imagina que um rosbife, um filé mal passado ou uma ave morta e conservada por algum tempo não é uma carniça? Entretanto, ele deleita-se de cadáveres conservados em sal, defumados, temperados, e assim por diante. O gosto embotado do glutão bestificado não sente o mau cheiro que se espalha desses corpos, cuja decomposição envenena com microorganismos tóxicos o seu sangue e torna-se a fonte de inúmeras doenças. Como obter uma chama limpa de massa quimicamente envenenada? Ao contrário, o sangue de pessoas moralmente superiores, dos ascetas e homens santos, depurado das essências do vulgar amálgama, é saturado de eletricidade e é receptivo; ele é acessível ao bafejo das correntes do espaço, torna-se sensitivo a quaisquer impressões, eleva o corpo espiritual dessas criaturas superiores à esfera da luz e bem-aventurança, onde a alma se refresca e haure forças novas. Mas atravessar o caos da primeira faixa que envolve a Terra é a mais dura provação para o espírito do homem; este é um caminho cheio de sacrifícios por entre as fileiras dos exércitos de seres asquerosos e demoníacos."

— Naquele mesmo dia, o mestre me deu este anel, que nunca tiro, e uma cruz com corrente metálica, que carrego no pescoço embaixo da camisa. Essa cruz é incrível. Executada a partir de um metal desconhecido, assemelhando-se a ouro, ela reverbera todas as cores do arco-íris, feito madrepérola. Eu sinto sua presença quando faço orações, quando leio livros sérios ou quando medito. Ao praticar alguma boa ação, ela fica tépida, acalentando prazerosamente o meu corpo; no entanto, quando ajo mal ou me rendo a alguma fraqueza, ela se torna fria feito gelo e pesada como chumbo. Este orientador silencioso me aponta o caminho certo; o mestre explicou-me que tais mudanças são decorrentes das emanações dos meus atos e pensamentos. Os meses subseqüentes foram os mais felizes da minha vida. Semanalmente, eu freqüentava as reuniões da Irmandade do Sol Nascente, recebia as instruções de um dos mestres para os estudos da semana vindoura. Os estudos eram extremamente interessantes e, à medida que se processava a minha iluminação, eu me sentia invadido de energia e força e, diante de mim, descortinavam-se os novos e realmente incríveis horizontes. Paralelamente aos estudos esotéricos, continuei os trabalhos arqueológicos, incentivado pelos guias; Vedjaga Singa, com seus relatos e explicações, derramava uma luz completamente diferente sobre os mistérios do passado, como se ele tivesse vivido naqueles tempos remotos. Na ocasião, abriu-se em Londres um congresso arqueológico e eu conheci o barão Kosen, que, aliás, era um velho amigo do meu pai. Meu trabalho com certos tesouros da antigüidade excitou a tal ponto seu interesse, que ele se afeiçoou a mim. Certa vez, quando estávamos trabalhando juntos, ele conheceu Vedjaga e, por sua dedicação e interesse ao passado da Índia, granjeou a disposição do mestre que, sendo bom por natureza, começou também a orientar o barão. Esqueci de lhe mencionar que os mestres, após permanecerem alguns anos em Londres, abandonaram a Irmandade e voltaram para a pátria, sendo suas vagas preenchidas por novos membros orientadores. Certa feita, Vedjaga Singa me disse que também ia embora. Fiquei triste com a notícia. Notando isso, o mestre sugeriu-me que eu viajasse com ele até certo ponto, conhecesse os locais mais interessantes e, ao final dessa viagem, fosse visitá-lo em seu palácio himalaio. O convite me deixou extasiado e, sem perder tempo, comecei a me preparar para a jornada. O barão, entretanto, ficou tão enciumado, que Vedjaga, rindo a valer, convidou-o também. Decidimos conhecer primeiro o Ceilão, onde nasceu meu mestre.

— É um lugar incomparável por sua beleza e importância arqueológica. Encontrarão ali os hábitos mais curiosos e não se arrependerão da viagem – acrescentou o mestre.

— Assim, saímos e desembarcamos em Colombo; de lá, começamos a nossa excursão para o Pico de Adão, Kandy, etc... Não vou lhe descrever agora a nossa viagem pela ilha mágica, visitas às ruínas de Anuradhapura, a antiga capital dos rajás da primeira raça, ou as viagens pela província de Katragam, com pagodes antiquíssimos em profusão, que deixaram em mim impressões impagáveis. Centrarei o meu relato, resumidamente, na aventura com o tigre. Estávamos viajando pelo distrito de Tamblegam, onde, nas redondezas do lago Kandeli, ainda se preservaram as florestas virgens impenetráveis, enormes pântanos em meio à selva e redutos de sucuris gigantescas, elefantes selvagens, tigres e outras feras.

Ao cabo de algumas excursões por aqueles locais, íamos nos separar: o barão ia à Europa, enquanto eu passaria alguns meses no palácio de Vedjaga Singa, em seu palácio no Himalaia. Estivemos caçando nas selvas, estudamos alguns costumes locais. Certo dia, tive a idéia de passear pela floresta virgem. Não tínhamos medo de cobras e animais silvestres, pois o mestre nos forneceu algumas tochas que recendiam um odor tão forte, que repelia os répteis. É claro, só utilizávamos as misteriosas tochas em casos extremos. Sendo acesas, queimavam sem chama, podendo ser apagadas se cobertas por pano umedecido em certa essência, também fornecida pelo mestre. Assim, certa manhã, antes de alvorecer, partimos. A nossa pequena caravana consistia de dois elefantes, dez carregadores hindus e um guia local. Este nos assegurou que atravessaríamos a floresta em segurança, pois os velhos rajás haviam aberto inúmeras trilhas e construíram ao longo do caminho torres octogonais de alvenaria que serviam de abrigo aos viajantes para pernoitarem naquele local perigoso, cheio de feras. Uma daquelas trilhas, abandonada e esquecida por séculos, estaria, segundo ele, fechada por mato impenetrável, sendo desconhecida aos "brancos", que jamais aventurariam naquela floresta selvagem; mas, ele, o corajoso Ramassami, jurava conhecer perfeitamente a trilha que cruzava a floresta. Apesar da idéia ser atraente, a jornada era perigosa e arriscada, tanto é que quase íamos desistir, se não ficássemos seduzidos com as palavras de Ramassami. Ele nos disse da existência ali de um palacete abandonado, jamais visto por um europeu, escondido feito um castelo da bela adormecida na densa floresta virgem. No início cruzamos os matos; a grama alta, as ramagens secas e a cana-de-açúcar não passavam da altura das ancas dos elefantes. Depois, os enormes bambus de até cinqüenta pés de altura eram tão densos, que não se podia ver nada adiante de quinze ou vinte metros. Aos poucos, a trilha tornou-se ascendente; os bambus e as moitas pantanosas deram lugar a vegetação diferente: eram árvores cobertas de flores coloridas e odor entorpecente. Por fim, ganhamos a sombra das árvores seculares de uma enorme floresta, que cobria o altiplano e, no primeiro dia, tudo correu bem. Contando com a força de nossos magníficos elefantes adestrados, não temíamos nem tigres, nem panteras, nem búfalos, conquanto fôssemos protegidos dos répteis pelas tochas miraculosas. Ramassami de fato encontrara o caminho, ainda que ele fosse escondido pelo mato e vegetação densa.

Passamos a noite numa das torres octogonais, que lhe citei antes. Apesar de o abrigo ter sofrido com o tempo, era seguro. Não obstante, aquela noite foi uma experiência terrível. Os rugidos das feras e o urro dos elefantes, pressentindo perigo, não nos deixaram dormir. Já estávamos arrependidos do nosso intrépido empreendimento, sem saber o que nos aguardava.

O dia seguinte iniciou-se com uma desgraça. O nosso pobre guia, querendo se localizar melhor, afastou-se do abrigo e, subitamente, um grito desatinado anunciou-nos que algo de ruim acontecera com ele. Picado por uma cobra, ele morreu minutos depois. Estou omitindo alguns detalhes, mas o senhor há de imaginar a nossa situação. Resolvemos voltar; mas, horas depois, convencemo-nos de que estávamos perdidos. Com toda a certeza, cedo ou tarde, iríamos perecer, se não conseguíssemos sair da floresta. Mas que rumo tomar naquela floresta impenetrável? Nem sabíamos retornar à torre que nos abrigara e, sem ela, o nosso fim era certo. Desesperados, andamos às cegas, perplexos com a indiferença dos hindus, quando finalmente deixamos os elefantes andarem sozinhos, com a esperança de que o instinto dos animais inteligentes os levasse a alguma saída. O sol estava a pino, a julgar pelos feixes ígneos que, por vezes, filtravam-se através da copa das árvores. Foi quando, inopinadamente, ocorreu um encontro que nos pareceu salvação.

Eram dois faquires: um – encantador de serpentes, coberto de cobras e répteis peçonhentos; o outro – um homem sem um dos braços, magro e seminu, segurava um tigre pela coleira. Devo dizer que um ano e meio antes da nossa viagem eu estudei a língua do Indostão e me comunicava nela livremente, o que facilitou o meu relacionamento com os aborígenes. O barão, por mais que tivesse tentado estudar a língua, falava mal; qualquer um que entabulasse uma conversa com ele, descobriria que ele era estrangeiro. Assim, eu me dirigi aos faquires, expliquei a nossa situação e pedi que eles nos indicassem o caminho. Por cerca de um minuto, eles confabularam entre si e um deles me disse que estávamos muito longe da saída e só chegaríamos lá altas horas da noite; que atolaríamos num pântano de turfa, se não quiséssemos achar um abrigo mais perto. Eles se ofereceram então a nos levar até um pagode nas proximidades, onde pernoitaríamos e, na manhã seguinte, eles nos acompanhariam para fora da floresta. Não nos sobrava outra coisa senão concordar. Prometendo aos faquires uma recompensa generosa, colocamo-nos a caminho. O pagode a que fomos levados devia ser muito antigo; em torno dele se espalhavam diversas construções e tudo era envolto em vegetação exuberante. Sob o pórtico das colunas, erguido na densa selva, divisava-se uma estátua gigantesca de uma mulher sentada, com cabeça de leão, e eu nela reconheci a deusa Káli, a consorte maligna do deus Shiva, devoradora de gente e demônios. A representação da terrível deusa deixou-me aterrado; só fiquei mais calmo depois que um velho brâmane, após conversar com os faquires, convidou-nos gentilmente para entrar e descansar.

Fomos levados a um dos prédios, contíguo ao pagode, onde nos ofereceram refrescos. Trataram-nos amavelmente, mas com grande reserva; ao nosso pedido de ver o interior do pagode, recusaram categoricamente, assim, limitamo-nos a examinar a antiga construção externamente. No átrio, vimos faquires mendigando e, num terreno, junto à estátua de Káli, um grupo de jovenzinhas – lindíssimas em sua maioria –, por certo eram as bailadeiras do templo. À noite, um dos brâmanes propôs que assistíssemos à dança das sagradas dançarinas, no que, é claro, concordamos, sabendo que tais espetáculos proporcionavam uma receita para os brâmanes. Depois de jantar, estávamos fumando deitados nas esteiras, quando, de repente, a cortina da porta se levantou e surgiram quatro mulheres; duas se sentaram no chão com instrumentos musicais – algo como tamborim e um aro de madeira com cordas, que deveria ser uma espécie de guitarra. As bailadeiras tinham de onze a quinze anos de idade, ou seja, no florescer da beleza. Encantei-me, principalmente, com uma delas, que parecia dançar só para mim. Na juventude, as moças indianas são particularmente belas, sobretudo pelas formas, já que seus corpos se desenvolvem livres; mas a jovem criatura que estava parada diante de mim, numa pose de indescritível graça plástica, parecia uma estátua viva. No pescoço, nos pulsos e nos tornozelos fulgiam gemas; sua única vestimenta era um véu de gaze orlado de ouro, e os cabelos de beleza deslumbrante quedavam abaixo dos joelhos. Já havia visto muitas bailadeiras bonitas na minha vida, mas nenhuma podia ser comparada a ela; jamais encontrei olhos tão imensos, flamejantes de algo diferente. Ou seja: ela personalizava a própria tentação... Não vou me deter em pormenores, basta dizer que Vairami – assim se chamava a bailadeira – enfeitiçou-me. No dia seguinte, quando soubemos sem muita surpresa que os elefantes estavam enfermiços e que era preciso adiar a nossa volta por dois ou três dias, nem fiquei aborrecido... A soma paga pelas danças aparentemente contentou os brâmanes e a minha promessa de contribuir com o triplo para o templo, como sinal de reconhecimento pela hospitalidade, foi aceita sem objeções.

Permitiram-me, irrestritamente, gozar da companhia de Vairami; mas, toda vez que ela me oferecia uma xícara de vinho, eu era tomado de volúpia extasiada. Vairami também se incendeu de uma paixão por mim cuja profundidade e obstinação eu não imaginava; normalmente, essas sacerdotisas de templo e amor, ainda que sejam voluptuosas, não se apaixonam. Entretanto, quando a paixão amainava e a minha razão intimava seus direitos, eu me sentia deploravelmente. Tal amor desarrazoado era proibido para discípulos da Irmandade do Sol Nascente e eu sabia o que me diria o mestre, se descobrisse as minhas aventuras. O que mais me inquietava era que, na primeira vez em que a bailadeira dançou diante de mim, a cruz no meu peito ficou gelada e, uma manhã, ela simplesmente desapareceu junto com o anel. Além disso, apesar da exuberante beleza de Vairami, havia nela algo que repelia; vez ou outra, seus olhos profundos feito abismo incendiam-se de luz fosfórica e seu rosto tomava feições cruéis e assustadoras. Nestes minutos, seu olhar assemelhava-se terrivelmente ao do seu companheiro inseparável – um tigre real, cuja presença me sugeria – devo confessar – pavor e repulsa. A enorme fera era mascote de Vairami. O tigre a obedecia só com o olhar e parecia entender-lhe as palavras; esparramava-se com ela na esteira, feito um gatinho, e me lançava olhares ferozes, rugindo sempre que eu me aproximava. Quando comentei com Vairami a minha aversão à fera, ela disse:

— Criei Pratissuria desde filhote, quando ele nem tinha desmamado; ele é manso feito cordeiro. Se eu ordenar, ele lamberá os seus pés ou então, se eu quiser, poderá despedaçá-lo. Assim, *saab* (senhor), ame e não abandone a pobre Vairami, caso contrário, ela morre.

Dizendo isso, os olhos de Vairami pareciam com os do tigre. Eu estremeci quando a terrível fera se arrastou até mim e começou a lamber a minha mão, obedecendo as determinações dela.

Passavam de dez dias que estávamos no pagode e a nossa viagem de volta era sempre adiada por diferentes pretextos. Apesar da minha paixão fogosa, comecei a me sentir prisioneiro e atribuí os adiamentos aos desígnios de Vairami, pela posse da qual queriam que eu pagasse. Transmiti ao barão as minhas suspeitas; ele apenas riu, pois estava extasiado: permitiram-lhe realizar as escavações das ruínas perto do pagode e ele já não queria ir embora.

# IX

Uma noite Vairami não apareceu, alegando serviço no templo. Não tomei o vinho deixado por ela, desconfiado de que este me deixava excitado e me mergulhava num sono mortal. Não sei o motivo, mas eu era perseguido e assaltado por um medo indefinido de perigo invisível. Subitamente, no meio do silêncio da noite ouvi uns passos e, depois, um barulho de vozes. Saltei da cama e fui até a porta; ali, escondida na sombra, vi uma pequena caravana: alguns hindus, dois europeus a cavalo e furgão com bagagem. Eram dois jovens ingleses, falando alto em sua língua e com dificuldade de se explicarem com os brâmanes por meio de intérprete. Mas o que me deixou assombrado foi um clarão vermelho vivo que vinha do lado da floresta, onde estava a estátua de Káli. Surpreso, percebi que justamente para aquela direção eram levados os ingleses, cada um escoltado por dois hindus falantes. Intrigado, escondendo-me sob a sombra das árvores, segui o grupo que se foi acercando da estátua de Káli. O prado era clareado por luminárias em vasos pétreos, onde ardia alcatrão; a figura aterrorizante da deusa parecia envolta em luz sanguinolenta. Diante do ídolo dançava Vairami; algumas bailadeiras decoravam com grinaldas os pés da estátua, outras cantavam e brincavam.

Vairami estava festivamente engalanada, fulgindo em gemas. Desta vez, porém, eu permaneci indiferente à sua beleza; ao contrário, fiquei pasmo do que vi depois. Prosseguindo em sua dança, a bailadeira deu duas voltas em torno dos ingleses extasiados; quando ela foi passar por eles novamente, tirou rapidamente da cinta um cordão comprido de seda vermelha com nó corredio e atirou-o, por trás, no pescoço de um dos britânicos. Um dos hindus, parado perto da vítima, agarrou a ponta do cordão e a puxou até derrubar o infeliz no chão; a mesma sorte teve o seu companheiro. Só então compreendi a terrível realidade: havíamos caído nas mãos dos tugues(7), temíveis degoladores indianos, que haviam trazido em oferenda à sua divindade fatídica os pobres viajantes. Virei-me e saí correndo. Nisso, um urro horripilante sacudiu o ar e rolou feito eco; a alguns passos da habitação fui alcançado, em alguns saltos, pelo tigre. Ele me derrubou e, continuando a urrar, pôs as patas dianteiras no meu peito. O meu último pensamento foi Vedjaga Singa. Após um chamado desesperador por meu mestre, perdi os sentidos. Ao me recobrar, eu me vi deitado num subterrâneo semi-escuro. Um pequeno lampião na parede mal iluminava uma parte do ambiente. O fim do subterrâneo, com colunas grossas que sustentavam o teto, perdia-se na escuridão. Perto de mim havia alguém estendido, de rosto encoberto com as mãos, no qual reconheci o barão. Ao tocá-lo com a mão, ele se retesou e disse, em voz fúnebre:

— É o nosso fim, pois estamos nas mãos dos tugues e, se ainda estamos vivos, foi graças à sua boa Vairami. Ela o ama tanto!

---

(7) Membros fanáticos de uma seita secreta, adoradores da deusa Káli, a Mãe Negra do folclore hindu. Calcula-se que mais de um milhão de viajantes tenham sido imolados por tugues. O último tugue conhecido foi enforcado em 1882 pelo governo inglês na Índia. (N.T.)

O barão contou que, acordado por urros do tigre e gritos alucinados, correu para a saída e viu-me deitado no chão; em volta apinhavam-se alguns brâmanes que, furiosos, sacudiam facas, com intenção de matar-me. Mas, ao lado, cobrindo-me com o corpo, estava Vairami e, diante dela, o tigre prestes pelo visto a atacar a quem ela ordenasse. A voz metálica da bailadeira sobrepujava-se à algazarra geral, ainda que o barão não tivesse entendido o que falavam, mas a fúria dos brâmanes foi aos poucos diminuindo.

— O que eles decidiram a respeito de nós, não sei dizer – ele prosseguiu. – Mas devemos esperar pelo pior. Sei apenas que dois dos demônios pretos o levantaram e trouxeram para cá; eu fui agarrado em seguida e trazido junto. O tigre seguiu-nos feito um guarda-costas e agora está deitado em cima da escada, vigiando. Oh, meu Deus, em que cilada caímos! – lamentou-se o pobre Kosen.

Tal como ele, eu compreendia que a nossa situação era desanimadora. Estarmos sozinhos naquele subterrâneo com a temível fera já constituía um perigo mortal; seus rugidos surdos indicavam que o nosso terrífico vigia estava vigilante. Subitamente, lembrei-me da derradeira chance de salvação. Quando nós nos despedíamos de Vedjaga, ele me deu um estojo de marroquim e disse:

"Fique com esta corneta; em caso de perigo mortal, sopre nela por três vezes, pronunciando o meu nome, e vocês receberão socorro".

Depois que me desapareceu o crucifixo, sinal de que os perigos andavam me rondando, eu sempre carregava aquele estojo no bolso ou pendurado no pescoço. Remexi temeroso o bolso e suspirei aliviado ao me convencer de não tê-lo perdido; ninguém se apropriara do objeto sem preço. Chegara a hora de utilizar-me dele, já que a situação não poderia ser pior. Então eu tirei a corneta e examinei-a; parecia de ouro e era macia feito pele, sua ponta era de esmeralda. Sem perder tempo, eu a levei à boca, soprei por três vezes pronunciando o nome do mestre e estremeci de pasmo. A corneta começou a insuflar-se como por vento, e de seu interior ouviam-se sons estranhos, ecoando em tons diferentes o nome do mestre, num crescendo. À medida que aumentava aquela música incrível, todo o ar tremia feito harpa eólica. De súbito, ouvi a voz sonora do mestre:

— Coragem! Conheço a situação de vocês e a ajuda está vindo.

A corneta escapou de minha mão e eu me recostei impotente na parede. Estaria ficando louco? De que maneira seria possível ouvir a voz do mestre num subterrâneo de um pagode perdido em uma floresta virgem? A minha razão se recusava a compreender o mistério, mas eu estava aliviado; não duvidei nem por um segundo de nossa salvação e comentei isso com o barão. Estávamos conversando a meia voz, analisando que expedientes o mestre utilizaria para nos salvar, quando subitamente, no fundo do subterrâneo, brilhou uma luz vermelha e fumacenta e eu vi Vairami correr em nossa direção, com uma tocha na mão. Com paixão selvagem, ela lançou-se ao meu pescoço e começou a me beijar, depois disse que salvaria as nossas vidas, sob certas condições. Eu permaneci frio. Lembrei-me do gélido e cruel sorriso com que ela laçava o pescoço do pobre inglês. Eu intuía que aquela bela bailadeira brincava comigo, feito um gato com rato, e que nas profundezas daqueles olhos, úmidos de paixão, se espreitava crueldade impiedosa; se eu, na qualidade de seu capricho, um dia a entediasse, suas mãozinhas que cingiam meu pescoço me enforcariam com o cordão de seda vermelha. Entretanto, não era seguro provocar a tigresa; assim, fingindo-me tocado por sua bondade e agradecendo-lhe pela proteção, eu lhe perguntei em que termos ela me dadivava a vida.

"Você presenciou imprudentemente os sacrifícios à deusa e poderá denunciar os nossos irmãos, atraindo a represália das tolas leis dos "brancos". Se ficar aqui para sempre, não poderá prejudicar-nos; o meu amor iluminará sua vida, ficando o futuro nas mãos da deusa, piedosa com sua sacerdotisa."

Fiquei com os cabelos em pé só de pensar em viver confinado num porão, servindo aos caprichos da bruxa lasciva... Não tive tempo de responder, pois neste instante Pratissuria soltou um rugido tão forte que as paredes tremeram.

No topo da escada faiscou um feixe de luz azulada, iluminando o tigre que, eriçado, fustigava as ancas com o rabo. Vairami saltou do lugar. Seu rosto, transfigurado por fúria, paixão e pavor, estava realmente assustador.

— Pratissuria! – berrou ela, erguendo a mão e dizendo palavras incompreensíveis que, certamente, eram ordens para o animal, pois este, urrando surdamente, lançou-se num salto contra mim, derrubando-me; senti sua respiração quente e a dor das garras penetrando em meu corpo. De chofre, não se sabe de onde, um raio faiscante atingiu a cabeça do animal; seus medonhos olhos esverdeados imediatamente embaciaram e ele resvalou sobre mim, quase me esmagando com seu peso. Imediatamente, porém, erguido por uma força invisível, o tigre foi atirado para longe, caindo inânime e esticando as patas. Então, eu vi Vedjaga Singa de pé na escada. Sua cabeça estava envolta num largo clarão azulado; atrás dele, postavam-se dois homens de branco, mas depois disso não vi mais nada: perdi os sentidos... Ao recuperar a consciência, vi-me deitado nas almofadas do baldaquim sobre o lombo de um elefante; um dos ombros estava com atadura e eu sentia uma fraqueza extrema. Ao meu lado, o barão, pálido e abalado, mas são e salvo. Ele me contou que também desmaiara no momento que o tigre se atirou sobre mim e só voltara a si quando estava no prado, diante do pagode. Ele não vira o rajá, mas as pessoas que cuidaram dele e que fizeram o curativo no meu ombro, arranhado pelo tigre, intitularam-se seus servos e tinham recebido instrução de nos levar para um de seus palácios. Ele não viu também nem Vairami, nem qualquer brâmane do pagode; os nossos elefantes seguiam-nos com as tralhas, em companhia dos servos do rajá. Depois de dois dias de viagem, chegamos a um espaçoso palácio, com jardim, onde fomos acomodados com muito luxo e comodidade; ali, descobrimos que Vedjaga Singa também estava lá. Eu me sentia bem melhor e o ferimento no ombro cicatrizava com rapidez incrível.

À noite, o mestre me chamou à sua biblioteca e me recebeu com a cordialidade habitual, devolvendo-me o crucifixo e o anel. Quando agradeci com lágrimas nos olhos pela nossa salvação, ele apenas sorriu e disse que cumprira o dever, salvando o discípulo e o membro da Irmandade. Em seguida, ele me contou que os faquires nos levaram ao pagode no intuito de sacrificar-nos para a deusa; mas o relato dos nossos carregadores sobre as tochas que espantavam os répteis inibiu-os, visto que tais talismãs só poderiam pertencer aos iniciados de grau superior por eles temidos e que condenavam e proibiam seus assassinatos. Mais tarde, eles iniciaram uma investigação sobre nós, que não fora concluída até o momento do último ato do drama.

"E agora, meu filho, devo-lhe dar uma notícia que o deixará amargurado", acrescentou ele. "Eu não posso, conforme prometi antes, levá-lo comigo ao palácio himalaio; a atmosfera daquele abrigo calmo não é adequada aos fluidos envenenados que lhe saturaram a aura; você mesmo não suportaria ficar lá."

Ao perceber a vergonha e o desespero que me deixaram mudo, ele apertou a minha mão amistosamente e disse sorrindo:

"Não desanime, meu filho! A possibilidade de visitar-me não está perdida, apenas adiada. Você deverá se purificar e, depois, suportar valorosamente a luta que o aguarda. Sua relação amorosa com Vairami minou-lhe a aura para espíritos baixos e sedentos de sangue da bailadeira; eles se apossaram de você e será necessário algum tempo para livrar-se deles. Dar-lhe-ei as devidas instruções para subjugá-los. Não o julgo. Você é jovem e ainda fraco para dominar os instintos da carne. Aquela jovem era muito bonita, sem dizer que ela apelou a expedientes que o absolvem e fazem compreensível a sua queda. Equívoco seu pensar que o caminho ao aspirante à luz é suave; os espíritos malignos interpõem-se em sua jornada e procuram dificultar-lhe a ascensão. Tal qual a maioria de pessoas de sua estirpe, você levava uma vida despreocupada, consagrando-a à satisfação dos gozos materiais e vícios refinados – valores, por assim dizer, da sociedade moderna. Todavia, meu filho, esses pecados arrastam consigo um verdadeiro exército de espíritos impuros e, na aura turva e contaminada, fervilham larvas e outras monstruosidades, tal qual num corpo infecto proliferam parasitas. Está claro que esses "ilustres hóspedes" não queiram abandonar seu hospedeiro e, tão logo este comece a desinfecção, atraindo os fluidos puros, todo esse bando se insurge contra ele. Em seu caminho surgem obstáculos, tentações, maus pensamentos, ou seja: eles apelam a tudo para reconquistar a vítima. Jamais se esqueça de que sem luta não existe vitória, e esta é atrito dos princípios antagônicos, que geram fagulhas. Se forem fagulhas puras do espaço, expulsando e incinerando o exército hostil, é um sinal da vitória; se gerarem o fogo impuro do sorvedouro, que onera e ata os anseios da alma, será uma derrota. Em parte, você está armado; sem ser ainda um *iniciado*, já desenvolveu algumas aptidões e eu o proverei de instruções especiais. Assim, trabalhe; e, quando estiver depurado, eu o chamarei".

— Não seria uma indiscrição minha lhe perguntar que aptidões são essas? – disse o doutor, quando o príncipe se calou.

— Absolutamente. Posso, até um certo ponto, controlar a minha vontade e meus instintos. Às vezes, consigo ver e ouvir o invisível ou ler os pensamentos alheios; por fim, posso sentir e distinguir bons e maus presságios. Para o senhor, um cético estudado, tudo isso não passa de balela; mas garanto-lhe que é verdade.

— O senhor se engana, príncipe, deixei de ser cético, como o era uma semana atrás. O que aconteceu hoje, sem falar de outros fatos estranhos, abalou o meu ceticismo; já não contesto certas coisas gratuitamente, eu só queria entendêlas. Mas, por favor, termine a sua narrativa! Estou especialmente interessado nisso depois que tive um sonho estranho, que contarei após.

— Tenho pouco a acrescentar. Ao me despedir do mestre, resolvemos voltar à Europa; em Colombo, embarcamos num navio que deveria zarpar no dia seguinte. À noite, informaram-me que um homem me havia trazido duas caixas e pedia que eu o recebesse. Fiquei surpreso e mandei que o introduzissem. Era um hindu conhecido meu, que disse ter sido enviado pelo velho Kaziappa, um dos brâmanes do pagode onde quase morremos.

"Trago-lhe, *saab*, um abraço de despedida e os presentes de Vairami. Ela não quis viver sem o senhor. Amando como o amava, ela o resguardou da ira da deusa, dando em sacrifício sua própria vida ao se enforcar diante de sua estatueta de Káli, que vou lhe entregar a seu pedido. De acordo com o último desejo da falecida, o seu coração foi retirado, os sacerdotes transformaram-no em gema preciosa e a penduram no pescoço da estatueta; assim, ao menos o coração dela permanecerá ao lado do senhor, protegendo-o contra os perigos. Numa caixa maior, encontrará o corpo de Pratissuria, o tigre favorito da sacerdotisa. Fulminado com o olhar e a palavra de um iogue, um animal assim morto traz muita felicidade."

Fiquei perplexo. A morte voluntária de Vairami, queira ou não, inspirou-me uma profunda pena; por outro lado, eu não confiava nos presentes daquela beldade e recusei-me a aceitar as caixas.

"Como, *saab*? O senhor rejeita os presentes da sacerdotisa? Não faça isso! Caso contrário, a sombra punitiva da defunta será flagelo do navio e de sua desgraça", observou o hindu, majestoso. Não tive tempo de responder: ele inclinou-se diante de mim e saiu apressado.

Chamei-o para que voltasse, mas ele já estava abandonando o barco. O barão, presente na conversa, ao me ouvir dizendo que eu ia atirar ao mar aqueles presentes sinistros, chamou-me de ingrato, impiedoso e louco. Censurou-me por eu não dar valor ao amor da jovem criatura e não compreender a poesia daquele ímpeto sincero; pior ainda: eu ia, feito um bárbaro, perder objetos tão raros e valiosos. Ele fez uma cena danada e implorou-me para deixá-lo ficar com as caixas, se eu não as quisesse. Por fraqueza do caráter, eu cedi e ele trouxe para cá essas lembranças funestas, que me causam pavor e receio pela sorte de Maximiliano Eduárdovitch. Não imaginei, infelizmente, o quanto eram malévolos e perigosos o tigre e a estátua; mas o barão estima-os tanto e é surdo às minhas persuasões – acrescentou o príncipe, suspirando.

— Agradeço-lhe a narrativa, Aleksei Adriánovitch! O sonho de que lhe falei tem uma ligação estranha com o que o senhor acaba de me contar; tanto mais que eu não tinha nenhum conhecimento dessas suas aventuras. Tenho certeza de que vi Vairami na noite que precedeu a chegada das caixas. Se foi um sonho ou uma aparição – não sei dizer.

E ele contou ao príncipe o sonho.

— Sem a menor dúvida, segundo a descrição o senhor viu a própria Vairami. A meu ver, foi uma aparição fatídica. Está aí a confirmação do perigo mortal que o ameaça; é dela que preciso salvá-lo – observou o príncipe, perturbado.

— Sou-lhe sinceramente grato por esse desejo generoso, mas não acho que está em poder dos homens alterar os desígnios do destino; sou um fatalista neste sentido – disse Zatórsky com sorriso amargo e, passando a mão pela testa pálida, acrescentou: – Diga-me antes: que encarnação diabólica é aquele tigre? Para mim, ele é um animal morto, mas foi visto passeando por duas pessoas em perfeito juízo; depois, a fera matou um homem, de modo que a razão se recusa a aceitar. Eu nunca tive tempo de estudar matérias ocultas, mas estou perplexo e gostaria de compreender e... confesso... ver com meus próprios olhos como o tigre se locomove.

— Oh, não creio que seu desejo seja difícil de ser satisfeito. Já passa da meia-noite e Pratissuria deve estar passeando, pois o sangue de Karl atiçou-lhe o apetite. Não se apavorará o senhor com semelhante empreitada?

— Não. Não creio que o ilustre Pratissuria queira aparecer para mim; mas, por garantia, vou pegar o meu Browning.

— Oh, isso será de pouca valia! – objetou o príncipe, sarcástico –, a mim ele não assusta, pois um discípulo das ciências ocultas deve reprimir a pusilanimidade, ser calmo e corajoso, já que o medo o sujeitaria ao poder das forças obscuras. O relógio bateu meia-noite e meia e todos dormem no castelo; podemos investigar. Vou buscar a minha arma – o crucifixo –, pois o animal deve ser bem mais perigoso do que na selva.

Eletsky puxou da gaveta um escrínio cinzelado e pegou uma grande cruz de ouro maciço, no centro da qual se embutia um cálice que brilhava com luz fosforescente. Em seguida, ambos desceram ao jardim e saíram para o terraço vazio naquela hora, pois o posto de Karl ainda não fora preenchido. O príncipe abriu a porta para a sala, convidou o doutor a se sentar num banco de pedra e postou-se atrás dos arbustos que decoravam o terraço. Cerca de dez minutos passaram num silêncio completo. De súbito, no ar turbilhonou uma lufada de vento, balouçando os galhos dos arbustos e ouviu-se um rugir surdo. No chão rutilou um clarão vermelho e, pisando macio, a poucos passos do doutor surgiu o tigre. A testa de Zatórsky cobriu-se de suor gelado; ele ouvia sua respiração pesada e nos ladrilhos iluminados pelo luar viu a sombra da fera. O tigre deve ter percebido o doutor; cravando nele seus olhos esverdeados e fosforescentes e fustigando as ancas com poderoso rabo, a fera se agachou, prestes a dar o bote, e, entreabrindo a boca, como que já degustando a carne humana da qual ia se servir. O doutor ficou paralisado, já sentindo em seu pescoço as presas terríveis da fera; mas, por atrás dela, assomou-se o príncipe, empunhando alto o crucifixo. O símbolo místico da salvação e da eternidade irradiava luzes azuladas que dardejavam milhares de faíscas pelo ar. O terrífico espectro sacudiu-se e começou a recuar rastejando em direção à porta da sala. O príncipe, entrementes, avançou ameaçando com a cruz, recitando em voz firme as fórmulas em língua estranha; pouco depois, ambos desapareceram no interior da casa.

Zatórsky, pasmo de terror, não conseguia se mexer. Ao passar o torpor, correu atrás do príncipe, alcançando-o no quarto, onde ficavam as antigüidades trazidas. Ali, ele estacou novamente. Não seria um sonho o que acabava de ver? O tigre estava estendido imóvel aos pés da estatueta; diante deles, o príncipe desta vez segurava uma vela de cera.

— Olhe! – disse ele, virando-se para o médico. – A fera voltou para o seu quarto.

Lívido e suando em bicas, o cético materialista estudado, que vivia debochando das "tolas crendices", mal se mantinha de pé, recostado no batente da porta. O príncipe aproximou-se dele e apertou-lhe a mão úmida.

— Acalme-se, Vadim Víktorovitch, o perigo já passou. Seu nervosismo, aliás, é natural, já que pela primeira vez na vida presenciou um fenômeno incompreensível, que os ignorantes cegos não se dão ao trabalho de estudar. Só damos crédito ao que podemos apalpar. Oh, há tanta coisa terrível e desconhecida no mundo invisível, que teríamos de ver antes de acreditar!

— Então o mundo invisível existe? – exclamou o doutor, em voz entrecortada.

— Sim, meu caro professor, o mundo invisível existe; desafortunado é aquele que dele se aproxima desarmado.

— Suplico-lhe: ilumine-me! Não quero permanecer cego e ignorante depois de todos esses fatos! – rogou o médico.

— Terei enorme prazer. Vamos tomar um pouco de champanhe para acalmar os nervos...

De chofre, um grito, seguido por vozerio, interrompeu a conversação. Alarmados, eles aguçaram os ouvidos e ouviram os berros sonoros e desesperados da baronesa, intercalados com brados de Mery. Os dois saíram em desabalada carreira do quarto. O barulho parecia estar vindo da peça contígua à galeria de vidro; ao ali adentrarem, eles toparam com as camareiras, de camisola e descalças, o criado seminu e Mery, de penhoar, paralisada de medo. A baronesa estava parada perto da porta escancarada para a galeria; diante dela, fechando-lhe o caminho, assomava-se a figura de um cavaleiro livônico[8], armado até os dentes. Através da viseira levantada entrevia-se o crânio, nas órbitas fulgiam chamas esverdeadas; em tudo mais, o espectro tinha um aspecto real. A luz da lâmpada de mesa coruscava sobre a panóplia metálica e a capa branca de lã. Lívida, com cabelos desalinhados, a baronesa continuava a berrar. Aparentemente, ela estava voltando do quarto do doutor, ignorando

(8) Livônia – antiga província da Rússia, originalmente habitada pelos livos – povo ugro-finês desaparecido. Em 1202, o bispo da Livônia cedeu um terço do pais aos cavaleiros teutônicos (Ordem Teutônica), que estenderam suas conquistas até o lago Pskov. (N.T.)

que este estava com o príncipe, e topou com aquele obstáculo inusitado; toda vez que ela dava um passo para frente ou para trás, para fugir, a mão do espectro erguia-se ameaçadora e a pregava no lugar.

Vadim Víktorovitch lembrou-se então de que o barão lhe contara sobre o fantasma de um cavaleiro emparedado vivo por um dos Kosen, e cujo aparecimento pressagiava sempre algum infortúnio familiar. Mas, na época, ele atribuiu o relato a uma lenda; agora, sem acreditar no que via, estava quase em frente do terrível mensageiro fúnebre. O príncipe, momentaneamente pego de surpresa, tirou do peito a cruz de ouro, ergueu-a alto e foi em direção ao espectro, declamando fórmulas. Como que arremessado para trás por um golpe de vento, o fantasma esmaeceu e derreteu no ar. A baronesa deu dois passos para dentro do quarto, mas tombou desfalecida no chão. A assombração foi vista por todos. Os berros alucinantes de pavor reiniciaram-se com o desaparecimento do espectro, de modo que o doutor teve de instalar a ordem. Ele mandou levar Mery ao seu quarto e depois examinou a baronesa, que jazia inconsciente.

— É um simples desmaio – assegurou ele, detendo as criadas que tentavam escapar, constrangidas com suas parcas roupas. Vistam-se e levem a baronesa! Ponham-na na cama e você, Annuchka, esfregue suas mãos e as têmporas com a água-de-colônia; depois lhe dê gotas do calmante que lhe mandarei em seguida.

Ele saiu, sem dar mais atenção à baronesa; seus pensamentos estavam com Mery. Como ela estava maravilhosa em seu penhoar esvoaçante, cadavericamente lívida, olhos largamente abertos, tremelicando de medo! Sendo um médico, era sua função verificar se o susto não lhe abalara o frágil organismo. Ele bateu na porta.

— Maria Mikháilovna, posso entrar? Quero ver se está tudo bem, depois de tantos sobressaltos.

Instantes depois, a camareira abriu a porta.

— É o senhor, doutor? Entre, por favor! A senhorita está na sala; chora tanto que eu não sei mais o que fazer. Parece febril, treme de frio e bate os dentes.

— Traga-lhe um chá quente e adicione uma colher de rum ou conhaque; ferva a água na espiriteira para ser mais rápido – ordenou Vadim Víktorovitch e, enquanto a camareira corria para a cozinha, ele entrou no *boudoir*.

Mery estava sentada à mesa. Ela chorava convulsivamente, sem ter percebido a aproximação do doutor.

— Acalme-se, Maria Mikháilovna! Não chore assim; não faz bem! – confortou ele meigamente, tomando-lhe a mão.

Ela se retesou e fitou-o, constrangida.

— Quem não choraria depois de ver esses horrores! As almas penadas vagam por séculos, sem encontrarem a paz.

— Segundo os místicos, esta é a lei do carma: um dos barões da linhagem dos Kosen não encontra a paz no túmulo por causa de um ato ignóbil praticado contra ele – observou o doutor.

— E o senhor também vagueará após a morte? Elena Oreéstovna contou... – ela calou-se momentaneamente, ao ver o doutor enrubescendo. – Ah, não dê atenção à minha tagarelice! Estou com tanto medo e não entendo o que está acontecendo comigo – disse soluçando.

Desta vez, o embaraço inicial de Zatórsky deu lugar a uma emoção jubilante; inclinando-se a ela, pegou sua mão.

— O que está lhe acontecendo? Oh! Seus olhinhos inocentes e o coração puro já a denunciaram. A senhora ama um homem indigno, que não merece o coração intacto de uma criatura tão jovem. Mery, gira-me a cabeça, mas não ouso acreditar em tamanha felicidade. Ah, diga que não estou enganado e que a senhora me ama, a despeito da imundície da minha conduta torpe e do atoleiro em que me encontro, do qual só poderei sair ajudado por um gênio bom. A senhora não imagina o quanto a amo! Tenho-lhe um enorme afeto.

Ele ajoelhou-se diante dela e prosseguiu:

— Pode zombar, Mery, do homem beirando quarenta anos, que se atreveu a estender a mão a uma flor mal desabrochada. De joelhos suplico: ria, condene-me, mas perdoe!

Mery endireitou-se. Seu rosto afogueou-se, seus olhos incenderam-se alegres e as lágrimas secaram como que por passe de mágica.

— É claro que eu o perdôo, já que o senhor não mais ama aquela mulher asquerosa e vulgar, e me ama! Como posso condená-lo? Jamais! Eu o amo também, e quem ama – tudo perdoa.

Sorrindo de bem-aventurança, ela se inclinou sobre ele.

— E o que dirão os seus pais? – sussurrou ele, atraindo-a a si e beijando seus lábios rosados.

— Oh! Eles ficarão muito felizes. Todos o estimam e respeitam. Eu mesma ouvi o meu pai dizendo: "É uma pena que um médico tão estudado e inteligente tenha caído nos feitiços daquela bruxa"! Mas como o senhor não a ama, tudo vai dar certo.

Não fosse aquilo dito por alguém que lhe nutria paixão verdadeira, suas palavras teriam soado como uma zomba impiedosa, de tão notório era o seu relacionamento vergonhoso, referindo-se a ele com tanta franqueza e pena. Mas naquele minuto, Zatórsky estava demasiadamente feliz e não ficou melindrado.

— Tentarei apagar o passado e tornar-me digno desta felicidade. Apenas, Mery, quero que vá embora daqui.

— Eu mesma decidi isso e já escrevi para o papai. Estou pensando em partir amanhã, apesar de minha mãe ainda se encontrar no estrangeiro.

— Excelente! Alegando assuntos na cidade, eu a acompanharei. Só que não conte a ninguém de nossa explicação, nem comente a sua partida até o último momento.

— Não direi nada àquela víbora. Ficarei feliz em viajar com o senhor. Oh, como será divertido! – acresceu, batendo palmas. – Que seja abençoado o cavaleiro errante! Não aparecesse ele, o senhor não viria para cá e não seríamos felizes. Assim que eu for à cidade, mandarei rezar uma missa pela paz de sua alma. Graças a Deus que o senhor decidiu corrigir-se e não terá de vaguear feito ele – adicionou ela com tanta satisfação ingênua, que Zatórsky não conteve uma gargalhada.

Neste instante, Pacha abriu a porta; o doutor se levantou e beijou a mão de Mery.

— Tome o chá, minha querida, e depois o calmante; deite para dormir e pense em mim – disse ele, meigamente.

Ao se ver sozinha, Mery pôs-se de joelhos diante do ícone de Nossa Senhora e orou ardentemente, agradecendo à protetora celeste pela felicidade recebida...

# X

De manhã, chegou um telegrama do barão, dando conta de seu retorno no dia seguinte. A baronesa estava indisposta e por volta das dez horas mandou chamar o doutor; este foi imediatamente, porém manteve-se frio e reservado. Após examiná-la, como compete a um médico, prescreveu um remédio e aconselhou-a a permanecer de cama – um ótimo expediente, aliás, para ter a liberdade de conversar com Mery, que não lhe saía da mente. A baronesa estava irritada com a frieza do amante e observava-o cismada. Era evidente que uma mudança radical nele se processara; jamais, até então, ele lhe parecera tão suspeito. Afetara-o, a tal ponto, aquela chinelada? Mas não era a primeira vez que ela havia recorrido àquelas medidas de correção.

Para disfarçar a decepção, ela pôs-se a choramingar como que por causa da visão assombrada, lamentando a desgraça que supostamente desabaria sobre o pobre Maximiliano. No momento em que Zatórsky entrava, Annuchka estava servindo um copo de limonada para a ama. Mal o doutor segurou a mão da enferma para lhe medir o pulso, a criada desapareceu feito sombra. Ao perceber que as lamúrias não produziam nenhum efeito, a baronesa agarrou a mão do doutor e, fitando-o ternamente, perguntou:

— Vadim, que significa essa cara amuada? Por acaso ainda está zangado comigo? Dê-me um beijo – eu exijo – e tudo volta ao normal.

Zatórsky arrancou a mão, recuando. O nojo refletido em seu olhar, esquadrinhando-lhe o cabelo desfeito, a blusa de seda desbotada e amassada, e toda a toalete negligente noturna, fez o rosto da baronesa cobrir-se de rubor intenso.

— A senhora deve ter esquecido de seu ultraje – pronunciou ele, com o cenho carregado. – Estou cheio desses tratamentos indignos. Aliás, não vale a pena insuflar as cinzas das brasas – a única coisa que restou de nossa loucura. Da minha parte, pelo menos, não sobrou sequer uma fagulha. Ademais, seu marido está de volta e sendo verdadeiras as suas afirmações de que a senhora o ama tanto, só me resta desocupar-lhe o lugar, definitivamente.

A baronesa saltou da cama com tanta agilidade, que nela não se podia pressupor cinco minutos antes devido ao seu aspecto agonizante, quando mal se lhe podia ouvir a voz debilitada.

— Seu traidor ingrato, você furtou a minha paz e agora quer se livrar de mim como de um objeto descartável – gritou ela, sufocando-se de ira. – Devasso, sem-vergonha e ingrato! Eu sacrifiquei a minha honra e a felicidade e agora você me rejeita...

Sua voz interrompeu-se e ela desabou em pranto.

— Não vou tolerar isso – prosseguiu, entre o choro. – Amo-o e você continuará sendo meu.

Ela tornou a agarrar a mão dele e a premeu contra os lábios, mas ele a arrancou novamente e deu um passo atrás, furioso.

— Nunca! Não posso mais. Odeio-a e tenho nojo de você. A senhora jamais se sacrificou por algo e nunca me amou. Toda vez que eu queria romper o nosso relacionamento, acabava cedendo à sua volúpia animal. Quanto à sua honra, esta já foi sacrificada bem antes; eu caí em sua teia feito uma mosca. Aliás, deixemos esta questão de lado, a senhora não está passando bem hoje; mais tarde continuaremos a conversa.

Ele deixou o quarto quase correndo. A baronesa ruiu sobre as almofadas num acesso de histeria, chorando convulsivamente. No entanto, ela se acalmou antes que se poderia prever; cerrando os olhos, mergulhou em profundos devaneios e seus únicos pensamentos eram achar uma forma de recuperar o amante rebelde e nunca mais deixá-lo escapar. Finalmente, em seu coração empedernido e na imaginação pérfida da bacante amadureceu um plano tão infame que qualquer mulher, menos estragada, o teria descartado. Decidida a levar à frente sua empresa diabólica, Anastácia Andréevna tomou sonífero e adormeceu.

Neste ínterim, o doutor e os demais habitantes do castelo estavam tomando o café da manhã; o assunto principal da conversa era a assombração noturna. O cavaleiro fantasma e sua história intrigavam todos; a governanta francesa, que gozava de reputação de pessoa cética, não ousou contestar a existência do fantasma, cujo aparecimento fora presenciado por oito pessoas em perfeito juízo. A lenda dizia que um certo cavaleiro livônico, alvo de suspeitas de um marido ciumento, fora morto e emparedado numa velha capela do castelo.

— Esperem, acho que poderei satisfazer-lhes a curiosidade. Remexendo na biblioteca, encontrei um livro velho, em capa de couro, com um título estranho: "História terrível e elucidante do barão de Wilfrid, de sua esposa Gerta e do desafortunado e criminoso cavaleiro Raimond – Crônica da nobre família von Kosen" – disse o príncipe. – Veremos o que se fala sobre esse fantasma-vingador nos escritos.

Logo ele retornou com um livro antigo, impresso sobre um pergaminho amarelecido e com quatro gravuras acima de uma árvore, que representavam: um senhor levemente curvado, uma dama vestida festivamente, um cavaleiro livônico e um pastor robusto, de faces gordas – autor da crônica. Na última página, representava-se fielmente o fantasma, visto na véspera.

— Meu Deus! Como eles são horríveis. E como decifrar essas letras; é um trabalho de Sísifo[9]! – exclamou Mery, quando o livro foi passado em torno da mesa.

— Conheço a escrita. No que se refere à fealdade dos heróis, não se deve levar isso em conta. Os quadros provavelmente diferem muito de seus originais.

A crônica do cônego Cornelius Rode dizia o seguinte. "No fim do século XV, em Zeldenburgo, vivia o barão Luts von Kosen, que tinha dois filhos. O mais velho, Wilfrid, do primeiro casamento, era horrível de rosto, um mostrengo, detestado por seu caráter soturno, mau e rabugento; o segundo, Raimond, dez anos mais novo que o irmão, era um jovem belo, bondoso e alegre, amado por todos. Wilfrid era rico não só pelo lado do pai, mas graças também à herança deixada pela mãe – filha única de um fazendeiro vizinho. Após a morte do velho barão, os dois irmãos viviam juntos no castelo de Zeldenburgo e supunha-se que Raimond recebesse o baronato do irmão, ainda solteiro, e que, se bem que contasse com trinta anos, por sua natureza carrancuda evitava a companhia feminina. Durante um casamento fidalgo, os irmãos conheceram uma moça jovem e bonita, de nome Gerta, e ambos se apaixonaram por ela. O pai de Gerta, filho mais novo da nobre linhagem, um jogador e estróina, arruinara todo o seu patrimônio. Sua esposa morreu de desgosto e a filha, que vivia num castelo velho e semidestruído – o único patrimônio re-

(9) Rei lendário de Corinto, condenado, nos Infernos, a empurrar eternamente uma enorme pedra que sempre caía antes de atingir o cume da montanha. (N.T.)

manescente – estava como hóspede na casa dos familiares. Não é surpreendente que Gerta tenha se apaixonado por Raimond, mas Wilfrid não era dos que desistiam fácil. Além disso, o aprazimento de tomar a mulher do irmão, odiado por sua beleza e que lhe inspirava inveja e ciúmes, excitava-o tanto quanto a sua paixão pela jovem. O barão foi à casa do pai de Gerta e prometeu pagar todas as suas dívidas e recuperar todo o seu patrimônio, caso este lhe desse a mão da filha. Para um nobre arruinado, a oferta pareceu cair do céu e ele, sem vacilar, deu o consentimento. Imune às lágrimas e súplicas da filha, o pai ambicioso obrigou a pobre Gerta casar-se com um homem que lhe inspirava nojo. Desesperado, Raimond ingressou na Ordem, tornou-se um cavaleiro livônico e deixou Revel. Assim se passaram dez anos.

Raimond von Kosen guerreou por alguns sítios, distinguiu-se e foi chamado por um grande mestre da ordem para assumir o comando em Revel. Achava ter dominado e esquecido o seu sentimento pela esposa do irmão; mas, quando reencontrou seu velho amor, a paixão assomou-se ainda mais forte. Gerta já havia completado vinte e sete anos e a sua beleza alcançara o ápice; seu casamento, porém, era infeliz e uma frieza hostil imperava entre ela e Wilfrid, a ela odioso. Esse sentimento de aversão ao marido voltava-se também a seu filho único, barão de Conrad, feio e desagradável como o pai. Seu amor a Raimond, no entanto, não se apagara e, ao encontrar o cavaleiro, reacendeu-se com força redobrada. Finalmente, a longa paixão reprimida de ambos alcançou o clímax. Inexistiam detalhes da intriga amorosa na crônica; apenas se mencionava que havia um túnel subterrâneo de Zeldenburgo para o posto de comando dos cavaleiros livônicos; a entrada secreta para a galeria subterrânea achava-se na capela do castelo. Era através daquele caminho que Raimond visitava Gerta e seus encontros, aparentemente, davam-se na capela. O segredo do subterrâneo era apenas conhecido pelo velho barão Kosen e pelo comandante da Ordem. Por causa de sua morte súbita, ou talvez por outro motivo – não se sabe – o barão Luts acabou não revelando o segredo ao filho maior; este ignorava a existência do túnel e, no momento em que o caso se encetou, estava ausente. O homem que revelou ao barão Wilfrid sobre os acontecimentos no castelo foi o armeiro Rupert Craft, que descobriu a verdade e mais tarde figurou como cúmplice na vingança do marido. Certa noite, Wilfrid retornou inopinadamente para casa e flagrou os amantes na capela. Ao vê-lo, Gerta desmaiou e o barão, auxiliado por Rupert, dominou e amarrou o cavaleiro. Os monstros não se detiveram ante a intenção de crime medonho: o de emparedar o pobre Raimond vivo. Enquanto Rupert preparava o nicho, Wilfrid tentou arrancar do irmão o segredo da entrada ao subterrâneo, habilmente disfarçada, de modo que era impossível encontrá-la. Os esforços de Wilfrid foram inúteis: Raimond nada disse e, quando foi empurrado para o nicho e começaram a construir um muro, ele rogou terríveis pragas a Wilfrid e seus descendentes. Todos esses pormenores Wilfrid confidenciou no seu leito de morte para o cônego Cornelius, permitindo que este narrasse a história para instruir a posteridade. Gerta recobrou-se delirante e sua vida correu perigo. Restabelecida, ela se recolheu ao mosteiro por insistência do marido e, algumas semanas depois, enforcou-se em sua cela. A entrada para a capela foi fechada por tijolos por ter sido conspurcada por encontros infiéis; o local em que fora emparedado o cavaleiro Raimond foi marcado com uma cruz vermelha na parede. A entrada secreta continuou ignorada, mas – dizia-se que muitos viam uma monja correndo pelo corredor contíguo à velha capela e desaparecendo através da fatídica parede."

O príncipe fechou o livro e acrescentou, depois que lhe agradeceram pela leitura:

— Acabamos de ver ontem a confirmação da lenda sobre o cavaleiro fantasma, que dizem pressagiar uma desgraça. Esperemos que desta vez ele apenas nos deseje lembrar que está vivo, pedindo por orações que o tirem do peso das esconjurações proferidas, que o aprisionaram àquele lugar. Por acaso ninguém sabe onde se encontra a capela e se ainda existe aquela parte do castelo?

— Posso lhe responder a pergunta – manifestou-se Zatórsky. – O barão me contou que o último representante da antiga linhagem dos Kosen, proprietário do castelo de Zeldenburgo antes do barão Maximiliano, ordenou abrirem a entrada para a capela, fechada com o muro, e que se encontra na torre setentrional da parte velha do castelo. Estive lá com o barão quando ele veio receber a herança e, de fato, ali há uma cruz na parede. Quem poderia dizer que ela apontava o jazigo terrível do coitado? Nem eu nem o barão demos importância à lenda. Maximiliano Eduárdovitch e o seu predecessor queriam a todo custo encontrar o caminho subterrâneo, mas tudo se verificou inútil. Provavelmente, isso não passa de fábula.

— Ah, precisamos ver a capela; só que vamos todos, senão é de dar medo! – exclamou Mery.

Todos se dirigiram à torre setentrional. A capela era pequena e sombria, iluminada por uma única janela estreita como seteira. O velho altar, erguido na altura de dois degraus, estava descoberto e vazio; os afrescos, outrora adereçando as paredes, totalmente apagados; à direita da entrada, na parede cuja cor se destacava de outras estava pintada uma grande cruz vermelha. Curiosos, aparentando medo supersticioso, todos examinaram a cruz – memento ao fratricídio; apenas Liza pôs-se de joelhos, persignou-se e orou. Ao notar a aflição que assaltara os presentes, o médico levou-os ao jardim, pois o tempo estava maravilhoso. Aleksei Adriánovitch, alegando trabalho a fazer, retirou-se para seu quarto.

O doutor, Mery, a governanta e as crianças fizeram um longo passeio. A impressão pesada deixada pelo acontecimento do dia anterior e a leitura da crônica dissiparam-se; a conversa fluía alegre. Liza – ou Lili, como preferiam chamá-la na família – divertia todos ao se referir ao príncipe, que, como confessou inocentemente, era tão belo que "era difícil despregar os olhos dele".

— Ora, Lili, para uma menina que não tem nem catorze anos, você repara nele demais – motejou Vadim Víktorovitch. – Até parece que está apaixonada por ele!

— Oh, que é isso, tio Vadim?! – protestou a menina, embaraçada e corando toda. – Apenas o acho bonito, agradável de se ver. Eu, feia e magra que sou, jamais me atreveria apaixonar por ele – concluiu ela, desalentada.

— Ao contrário, Lili, você é tão lindinha! Olhe esses cabelos bastos e maravilhosos loiro-acizentados, e esses olhinhos escuros que lembram gazela! É verdade, você é um pouco magra, porque cresce rápido, mas isso passa; quando tiver uns dezessete anos, será um doce. Não é verdade, Vadim Víktorovitch? – disse Mery.

— Sem dúvida, tanto mais se tomar óleo de fígado de bacalhau – respondeu o doutor, com bonomia.

Feliz e lisonjeada, Lili beijou Mery; Bóris ouvia tudo enciumado e balbuciou com muxoxo:

— Para mim ninguém diz que eu vou ser bonito... O que você acha, tio Vadim, serei tão bonito como Liza?

— Só se parar de engordar e não tiver preguiça de fazer ginástica; caso contrário, ficará obeso e vai parecer um saco de farinha – o que não será bonito.

Todos riram. A governanta anunciou, nesse ínterim, que era hora das crianças voltarem para casa e tomar suas lições de piano. Estas, ainda que a contragosto, seguiram a governanta. Mery e Zatórsky foram caminhando lentamente em direção ao castelo.

— Preciso contar à baronesa sobre a minha partida e despedir-me – disse Mery. – Devo agradecer-lhe pela amável hospitalidade, à qual devo a minha felicidade – acrescentou ela, corando.

— A senhora vai na carruagem que virá buscar o barão; com o pretexto de aproveitar a condução, partirei também, só que nem vou-me despedir dela. Levarei comigo apenas o saco de viagem e, mais tarde, mandarei buscar as minhas coisas. Uma vez que o barão só volta amanhã, posso sumir sem risco de algum escândalo.

Ambos riram e retornaram ao castelo bem-humorados.

Depois do almoço, Mery mandou a camareira pedir para a baronesa recebê-la; a criada voltou com a resposta de que a ama a aguardava. Ela recebeu a jovem amigavelmente, porém Mery ficou espantada com a mudança. A baronesa estava pálida, os olhos fundos e nos lábios congelara-se uma expressão maldosa e cruel; além disso, a camisola estava desabotoada e os cabelos desgrenhados – tudo isso a tornava medonha e a envelhecia por dez anos. Mery jubilou-se por dentro pelo fato de a anfitriã não lhe ter dado um beijo, estendendo-lhe apenas a mão, com jeito de cansada, e apontando a poltrona ao lado da cama.

— Foi muito agradável de sua parte vir conversar com a convalescente. A terrível aparição de ontem abalou-me positivamente; o receio de que alguma desgraça desabe sobre meu marido atormenta-me e não me dá paz... preciso tanto dele!

— Infelizmente venho me despedir, querida Anastácia Andréevna. Recebi uma carta do papai; ele me chama para voltar imediatamente e espero que a senhora não tenha nada contra eu aproveitar a carruagem que sai para buscar o barão em Revel.

— Oh, absolutamente! Mas que pena que esteja nos abandonando, querida! Espero que na carta de seu pai não haja notícias ruins.

— Não, Anastácia Andréevna! O papai só escreve que a minha irmã e a *mademoiselle* Emily já retornaram; a mamãe volta daqui a duas semanas e o papai, porém, tem de viajar a negócios e quer que eu substitua a mamãe, até a sua volta. Sinto muito ir embora, justamente agora, quando a senhora não está bem. Não quero incomodá-la amanhã tão cedo, pois a carruagem parte às seis e meia; assim, vim me despedir agora e agradecer de todo o coração por ter sido tão boa comigo.

— Estou feliz por você ter se distraído um pouco. Sente-se e conversemos, minha querida. Isso dissipará meus tristes pensamentos.

A despeito da aversão que lhe sugeria a baronesa, a Mery não sobrava outra coisa senão sentar-se. Anastácia Andréevna falou do inverno chegando, das festas que iria organizar, do amor do jovem Nordenskiold a Mery, e desejou vê-la em seu primeiro baile, já como noiva.

— Desejo-lhe isso, querida, porque o casamento é normalmente o sonho de todas as mocinhas, imaginando que por elas aguarda uma felicidade desanuviada. Ledo engano! Na maior parte das vezes, pela jovem mulher esperam as mais duras provações e perigos. Fique alerta, Mery! Tenha cuidado com os homens que irão assediá-la e não confie em suas juras de amor; tudo isso são mentiras deslavadas, urdidas pelos estróinas para seduzirem as mulheres. Eles suplicam o nosso amor de joelhos e se, por impulso, cedemos, logo nos descartam descaradamente.

Não se surpreenda, Mery! O que eu lhe digo é pura verdade, fruto da experiência própria. Você já não é nenhuma criança e a minha triste lição lhe servirá de farol no futuro. Quem, aparentemente, merece mais respeito do que Vadim Víktorovitch? Um homem de ciências, um professor, um homem bastante maduro; mas, na realidade, por baixo daquela aparência enganosa, espreita-se um patife, um devasso tão insolente como todos os outros. Acresce-se ainda: ele é um canalha, que me expôs a muitos dissabores. Eu sei que na sociedade todos me condenam; tudo por culpa dele, uma vez que ninguém sabe as causas.

Nem bem o meu marido viajou para fora, ele grudou em mim com o seu amor grosseiro. Max confiou-lhe tudo: a mim, os meus filhos e todos os assuntos financeiros – o que o deixava com livre acesso em casa. Eu era sozinha e inexperiente na vida, pois me casei bem moça, quando não tinha nem dezesseis anos. Que infortúnio! Não consegui resistir a sua paixão imunda... Ele me puxou finalmente para o atoleiro e eu, apesar dos remorsos, afeiçoei-me a ele. Seu amor, sua fidelidade canina, sua paciência comigo quando eu o maltratava – tudo isso me deixava comovida... Agora, ele quer se desfazer de mim... louvado seja Deus! Sua cara de enfado há tempo me dá nos nervos; fora isso, descobri que ele anda louquinho por uma cantora marrom-café e quer se amasiar com ela. Não serei eu, naturalmente, que vou me interpor no caminho dela. Essa tal de artista deve ser alguma ex-camareira ou lavadora de pratos – é o que ele merece, pois, devo-lhe dizer, minha querida, fui eu que civilizei aquele estouvado ingrato. Como médico talvez ele até seja algo, mas como cavalheiro é um bronco, a quem ensinei boas maneiras. Para mim esse rompimento é um alívio indescritível; o resto da minha vida consagrarei para reparar as minhas faltas com Maximiliano – um homem bom, marido ímpar, um cavalheiro intrépido e irreprochável. Assim, minha criança, seja cautelosa e não abra a guarda às artimanhas dos homens. Você vê como as aparências enganam e como é fácil cair nas redes de um patife indigno e impiedoso...

Mery tremia de indignação. Ela compreendia perfeitamente que a baronesa se mostrava enraivecida por estar perdendo o amante e desconfiada de seu interesse por ela, fazia tudo para humilhar, deslustrar e apresentar de forma ridícula o pobre Vadim Víktorovitch. Para pôr um fim àquela torrente de insultos contra a pessoa amada, Mery se levantou.

— Agradeço-lhe, querida Anastácia Andréevna, pelos bons conselhos, aos quais dispensarei a devida atenção; mas me desculpe, preciso ir, pois tenho de arrumar as malas e amanhã preciso me levantar cedo.

Mais uma vez ela agradeceu pela hospitalidade e, com nojo por dentro, recebeu o abraço de despedida da baronesa. Mery adentrou o quarto feliz por se ver livre finalmente da mulher asquerosa que, sob o manto de bonomia e amizade, enlameou o homem supostamente amado.

Ao se ver sozinha, a baronesa pensou um pouco e depois mandou chamar Fênia, a criada mais antiga da casa e também confidente, sua fiel informante de tudo o que ocorria ou se falava na casa. Das indagações, ela soube que Mery e o doutor passearam sozinhos por muito tempo e retornaram muito felizes, como que apaixonados. Um sorriso de escárnio franziu o rosto da baronesa ao ouvir aquilo. Ordenando que lhe fosse trazido um escrínio com jóias, ela tirou um relógio com corrente e o deu de presente para a criada. Instruída pela ama, Fênia saiu e logo retornou trazendo no avental a corrente com o medalhão em forma de coração, que adereçava o pescoço da estatueta de Káli.

A baronesa examinou atentamente aquele objeto bizarro. A corrente era maciça e cada elo, ao invés de ser unido por outro, era preso por pequeno rubi, que reluzia na luz feito um pingo de sangue. O medalhão também era muito original, como que um coração humano verdadeiro, só que a metade de seu tamanho. O fecho de rubi, transparente como água, representava uma pata de ouro de tigre ou leão, com garras de esmeralda. A baronesa colocou o colar indiano no estojo, do qual esvaziara um colar de pérolas com medalhão, escreveu um bilhete e deu tudo para a camareira, ordenando que ela levasse para Maria Mikháilovna.

"Fique com ele, e que ele lhe traga a felicidade merecida e desejada pelo coração", resmungou ela, quando Fênia saiu. Seu rosto franziu-se de raiva diabólica.

Para explicarmos esse ato generoso, convém reproduzir a conversa que ocorreu alguns dias antes entre a baronesa e o príncipe Eletsky. Aconteceu numa determinada manhã. O príncipe trabalhava no museu para inventariar os objetos da antigüidade, quando entrou Anastácia Andréevna. Aproximando-se da estatueta de Káli, ela examinou atenta o colar, sobretudo o coração de rubi, observando a seguir:

— Que coisa original! Imagine só a inveja que este colar despertará, se eu o colocar no baile! Não seria mais inteligente eu usá-lo, ao invés de ele enfeitar o pescoço de um ídolo?

— Cuidado, baronesa, não toque nesse colar! Infeliz daquele que possuir e usar esse terrível adereço – comentou o príncipe, deitando na baronesa um olhar tão severo e desaprovador, que esta desistiu do intento.

Por outro lado, agora, a idéia de presentear com o colar valioso a sua rival odiosa veio a calhar, pois esta lhe desconhecia o significado fatídico.

Mery estava arrumando no quarto as suas últimas coisas, quando Fênia lhe trouxe o estojo com um bilhete. Nele, a baronesa em palavras amáveis pedia que o presente fosse aceito como lembrança do castelo de Zeldenburgo. Mery ficou intrigada mas, para não ofender a baronesa, não pôde recusar e escreveu um bilhete de agradecimento, que foi levado por Fênia. Só depois disso, ela abriu o estojo, sem reconhecer, todavia, o colar de Káli, pois nunca o examinara detalhadamente. Aliás, nunca lhe passaria pela mente que o adereço pudesse ser tirado da estatueta tão zelosamente guardada pelo barão, para ser dado a ela; além disso, desde o dia em que ela viu o tigre se arrastando até ela, não mais cruzou a porta do museu. Apesar de seu valor inestimável, entretanto, o objeto lhe sugeria, naquele momento, uma repugnância indefinida e, sem examiná-lo melhor, ela o atirou na sua cesta.

Enquanto isso se dava no castelo de Zeldenburgo, o barão tratava tranqüilamente de seus assuntos em Petersburgo. Com o auxílio de seu secretário, ele havia montado um catálogo dos livros trazidos, tendo-os arrumado na biblioteca, e ultimava os guarnecimentos das salas destinadas para o futuro museu.

Certa manhã, a sua tranqüilidade espiritual foi abalada por uma carta da baronesa, informando da morte violenta de Karl e das falácias estranhas sobre aquela tragédia misteriosa. A notícia deixou-o deprimido e então ele se lembrou das palavras do príncipe, insistindo que o tigre e a estátua fossem atirados ao mar. Seus devaneios foram interrompidos pelo mordomo, anunciando que seu ex-criado Ossip pedia para ser recebido, a fim de ser tratado um assunto importante. Ossip fora um empregado irreprochável, que servira o barão por cerca de sete anos e, se este não o levara em sua última viagem, foi apenas no intuito de deixar, junto à esposa, uma pessoa honesta e confiável. Para seu grande desgosto, Maximiliano Eduárdovitch não encontrou Ossip quando do seu retorno para casa. Ao ser inquirida, a baronesa respondeu que ele havia viajado para a aldeia, por ocasião da morte do pai, a fim de cuidar dos assuntos da herança e, quando ele retornaria, isso ela não soube dizer. Ao ouvir que Ossip queria vê-lo, o barão supôs que Ossip desejava de volta seu emprego, ou que fora para pedir uma carta de recomendações. Ordenou que seu comparecimento fosse franqueado.

— Finalmente você voltou de sua aldeia. Bem, se você concluiu a partilha entre os irmãos e quer trabalhar aqui, terei o prazer de tê-lo de volta – disse o barão, em tom de bonomia.

O rosto do ex-criado refletiu surpresa.

— Excelência, eu não fui para a aldeia; o que eu faria lá? Meu pai está, graças a Deus, forte e saudável.

Desta vez quem se surpreendeu foi o barão.

Por que então você me largou? – perturbou-se ele.

— Fui despedido pela baronesa.

— Por qual razão? – inquiriu o barão, empurrando para o lado os papéis que lia.

Ao ver a indecisão de Ossip, evidentemente com medo de falar, o barão disse, impaciente:

— Fale de vez! Quero saber por que a minha esposa o despediu?!

— Porque eu sabia demais sobre os assuntos deles. Para ser franco, vim para revelar toda a verdade e espero, bondoso senhor, que me perdoe este atrevimento. Considero, porém, de meu dever preveni-lo do que acontece em sua casa e do que falam abertamente todos os seus conhecidos.

O barão empalideceu, empertigou-se e franziu as sobrancelhas.

— Fale sem esconder nada, Ossip! Por mais que me seja duro, quero saber a verdade e ficarei reconhecido por isso.

O criado tirou do bolso uma velha carteira recheada de cartas e envelopes cor-de-rosa perfumados e depositou tudo sobre a mesa, diante do barão.

— Devo dizer que ainda bem antes da viagem de Vossa Excelência, as coisas andavam precárias entre a baronesa e o doutor Zatórsky; com sua viagem, a situação tornou-se pior e mais aparente. Não se podia entrar no *boudoir* da baronesa sem topar com alguma indecência. As cartas não paravam de chover de ambos os lados e, quando o doutor viajou para Moscou por três semanas, a correspondência era diária. Tudo que eu pude interceptar está aqui. O pior foi este último ano. Fênia confessou-me que a ama estava grávida; depois ela viajou, não se sabe para onde, e só é certo que ela tem um filho, que está sendo criado por um colono em Strelna, para quem a baronesa manda dinheiro. Annuchka leva-o para o correio e eu consegui até surrupiar dois recibos: ei-los! A baronesa também viaja às vezes para Strelna, como que para visitar o pai. Logo após o nascimento da criança, lembro-me de ter entrado no *boudoir* inopinadamente, onde a encontrei de joelhos diante do doutor. Depois disso, a baronesa ficou brava e me deu as contas, dizendo para que eu jamais pusesse os pés na casa.

Um rubor intenso cobriu o rosto bronzeado do barão, enquanto ele ouvia o ex-criado, que arrematou:

— O que eu digo, sabem todos os criados, que poderão confirmar as minhas palavras. Todos se calam porque têm medo de perder o emprego. Não quero que o meu amo, que sempre foi bom para mim, seja enganado e alvo de riso.

— Obrigado, Ossip, pelo aviso. Deixe o seu endereço; provavelmente você me será útil.

Com a mão trêmula, o barão tirou da carteira uma nota de cem rublos e a estendeu a Ossip; depois, dispensou-o com um gesto.

Assim que a porta se fechou atrás dele, o barão saltou da poltrona, arrancou do pescoço a gravata e começou a andar agitado pelo quarto; todo o sangue lhe afluiu à cabeça e ele achava a se sufocar. Então é assim que era o seu "amigo", considerado personalização da integridade, a quem confiara a casa e a família! A que patife ele distinguiu com sua confiança e amizade! Jamais desconfiou que aquele insolente, com quem vivia topando ainda antes da viagem e que se instalara em seu lar, havia se aproveitado de sua bonacheirice para conspurcar seu nome honesto. E você, criatura imprestável?! Com que hipocrisia representava seu papel de esposa apaixonada e mãe carinhosa, fingindo dedicação exclusiva ao marido e filhos! Que atrevimento em abrigar junto a si um amante e, simultaneamente, acolher o marido meigamente e fazê-lo alvo do escárnio da sociedade! E as crianças inocentes foram testemunhas dessa vergonha!... Como saber? Talvez elas tivessem entendido a torpeza da situação, ou tivessem visto alguma cena semelhante à presenciada pelo criado?...

"Que idiota fui, arrancando da sarjeta e vestindo aquela indigente que, já naquela época, gozava de reputação duvidosa! Mal se viu bem de vida, não poupou recursos para os gastos com o luxo, nem piscava ao apresentar-lhe contas fabulosas, que ele, conformado, pagava, relevando as loucuras daquela desavergonhada. E eis que, como gratidão, ela dá à luz um filho espúrio e o cria secretamente. Oh, essa vergonha ultrapassa qualquer limite!..."

Aos poucos, entretanto, o barão se acalmou, ainda que se sentisse indignado. Sentando-se à mesa, tirou da carteira o maço de cartas e começou a lê-las. Comparou as primeiras missivas, que respiravam paixão fervorosa, com as cartas, jurando o amor e a saudade, enviadas pela baronesa durante a sua viagem. Como ela o amava e aguardava impaciente seu retorno. Nas cartas ao amante, então, jorravam as expressões de paixão animal, censuras de ciúme e menções de sacrifícios inaudíveis a Zatórsky, por suas obrigações conjugais e fidelidade ao marido. De maneiras mais variadas, ela celebrava os seus sofrimentos morais e as lágrimas vertidas, dilacerada pelos remorsos em relação a seu bom Maximiliano, que confiava cegamente nela e a amava tanto.

— Que sorvedouro de mentiras e traição insolente se espreita no coração e na mente dessa mulher infame! Eis um exemplo de palavreado vazio, em toda a sua nudez! – balbuciou o barão, amassando com nojo as cartas restantes e lançando-as na lareira para incinerar.

Quando o último pedaço de papel se converteu em cinzas, ele tornou a se sentar à mesa e mergulhou em devaneios. Sem dúvida, não era o único marido traído em Petersburgo; podiam-se contar em dúzias as famílias com os "amigos de casa", que gozavam da proteção benevolente do marido, todavia, a humilhação dele era demais!

"Não, não e não! Ele não queria fazer parte dos carneiros de Panurgo[(10)] e, pela injúria de seu coração e honra, pagarão ambos os traidores; ele mostrará àquela vadia o que era fazê-lo de idiota... Ele não se deterá frente a qualquer escândalo"... E em sua imaginação excitada germinavam os meios mais cruéis de vingança e um desejo violento de afogar aquela mulher, tirada da indigência. Mas, antes de tudo, era necessário flagrá-los e desmascarar... Após refletir por algum tempo, o barão chamou o secretário e passou-lhe as devidas instruções; em seguida, escreveu um telegrama, informando de sua chegada. Só que sua volta, marcada para o dia seguinte, de manhã, ele antecipou para a mesma noite, numa hora em que ninguém o esperava.

---

(10) Alusão a personagem do Pantagruel, de Rebelais. Panurgo compra de Dindenault, rico e pretensioso, um de seus carneiros e joga-o no mar; outros carneiros também se jogam na água; Dindenault quer deter um bode, acaba arrastado por ele e morre afogado. (N.T.)

# XI

Em Zeldenburgo, acabava-se de tomar o chá da noite, após o que todos se dispersaram; a baronesa não saiu do quarto, a governanta levou as crianças embora, e Mery, constrangida em ficar sozinha em companhia dos homens, disse que precisava arrumar as malas.

O príncipe trancafiou-se em seu aposento pensativo. Ele tirou de uma caixa dourada um pergaminho e iniciou preparativos bastante estranhos, não sem antes abaixar os pesados reposteiros e as cortinas nas janelas, tendo cuidado para que no quarto não penetrasse nenhum feixe de luz. Abrindo o baú, ele tirou um tapete de veludo vermelho com sinais cabalísticos bordados e uma bacia metálica, que encheu de ervas, regando-as com diferentes líquidos; colocou tudo sobre a mesa, diante do crucifixo com as velas, anteriormente descritas. Ato contínuo, trocou de roupa e envergou-se numa túnica alva e comprida de linho; apagou a luz e, descalço, ajoelhou-se no tapete. Por alguns minutos o príncipe orou de olhos fechados e mãos estendidas. Finda sua oração devotada e absorta, tirou do peito uma espécie de apito pendurado numa corrente de ouro e soprou nele, pronunciando a seguir, em voz alta, palavras em língua estranha e uma série de fórmulas.

Na escuridão completa, o príncipe, então, entoou em voz baixa uma melodia cadenciada e singular; toda a atmosfera começou a vibrar e crepitar. Aos poucos o ambiente foi tomado de fagulhas multicolores, transformando-se em chamas verdes, vermelhas e douradas a turbilhonarem em torno da bacia, onde, por sua vez, acenderam-se as ervas, espalhando uma luz suave azulada e o odor de flores vivas. Então, a vibração deu lugar a uma melodia suave, como que secundada pelo tilintar de sinos de prata; depois, formou-se lentamente uma névoa esbranquiçada e, em seguida, surgiu a figura alta e esbelta de Vedjaga Singa, que se postou no tapete a um passo do príncipe. O visitante misterioso trajava também uma alva túnica comprida e sua cabeça era adereçada por turbante de musselina. Deitando um olhar amistoso sobre o discípulo, ele depositou a mão em sua cabeça; este a tomou e beijou.

— Agradeço por ter vindo, mestre. Preciso de seus conselhos, em vista dos acontecimentos nesta casa. Sou muito ignorante ainda e receio desencadear, a despeito de estar bem-intencionado, conseqüências desastrosas.

— Toda boa intenção, qualquer ato desencadeado por bons propósitos, não pode ser reprovável, desde que se busque combater as forças do mal. Entretanto, meu filho, nem sempre podemos impedir as más conseqüências dos atos humanos. Não há vitória sem luta. Que importância teria a provação terrena, se o homem não tivesse que haurir, em si mesmo, as forças para resistir ao mal? O nosso mundo amesquinhado carece de bondade e, para alcançar a luz, precisamos atravessar as trevas. Todo homem bem-intencionado pode se defender do mal e para isso ele tem a fé em Deus, a cruz, que dissipa as trevas, e um conselheiro incorruptível – a consciência moral. Esta casa, como já é de seu conhecimento, tornou-se um reduto de espíritos malignos, cuja entrada foi promovida por insensatez humana. Além disso, este lugar é palco de carma terrível – concluiu o hindu.

— Estou ciente, mestre, de que os homens não podem evitar o carma criado por eles mesmos; gostaria, porém, de salvar o jovem médico que aqui conheci. Em essência, considero-o uma pessoa honesta e boa, destruída por circunstâncias infaustas. Ele atolou-se em lama e debate-se em vão para sair dela, aprisionado pela infame mulher que usou contra ele as forças do mal – o que o releva da culpa. Além disso, ele é um homem de ciências e é bem ilustrado. Talvez eu esteja equivocado; a sua vontade, mestre, é lei para mim.

— Deus me livre desautorizá-lo a ter um sentimento tão bom de ajudar o próximo. Amor ao próximo é um nobre princípio que une as forças do bem. Terei prazer enorme em ajudá-lo a salvar a alma do homem que cativou seu interesse; mas, para que eu possa fazer algo, há uma condição. Num grandioso minuto de sua vida – e este minuto está próximo –, ele deverá dar provas de sua magnanimidade: um sentimento puro e altaneiro, alheio à ira e à hostilidade. Se a sua alma for capaz de se elevar a essa altura, ela criará um fluido que o tornará puro, e uma luz que limpará sua aura, possibilitando-me orientar o seu espírito; então você ouvirá uma música suave – a vibração do bem; só então eu lhe entregarei as instruções.

Seguiu-se uma conversação longa e animada, após a qual o adepto deitou a mão sobre a cabeça do príncipe, este sentiu uma vertigem e perdeu a consciência por uns instantes... Quando abriu os olhos, a lâmpada de mesa estava acesa e ele se viu sentado na poltrona, segurando numa mão um frasco de cristal com rolha dourada, cheio de uma substância que parecia mercúrio, e, na outra – duas folhas de pergaminho, traçadas com letra do mestre. Na folha menor, ele leu: "Não se deite e fique com o frasco por perto". Seguiam-se depois diversas instruções; o hindu havia desaparecido.

O príncipe se levantou e guardou o pergaminho maior; o outro ele enfiou no bolso do colete, da mesma forma que o frasco, que irradiava um calor intenso. Em seguida, arrumou os objetos utilizados, pegou um livro e começou a lê-lo; estava convicto de que algo especial aconteceria naquela noite...

Fênia, a criada mais antiga da baronesa, era uma morena bem apessoada e vigorosa, de uns vinte anos, astuta e coquete. No último inverno, ela havia usado de seus encantos e Akim, o adestrador de cavalos, um rapaz belo e inteligente e, por sinal, bastante bem de vida para a sua classe, apaixonou-se por ela. Fênia o conhecia bem, pois ambos eram da mesma aldeia. Eles eram tidos como noivos, antes de irem a Zeldenburgo, quando a situação mudou drasticamente.

O administrador do castelo, ex-sargento Piotr Shultz, ficou cativado pela jovem criada que, por sua vez, começou a gostar dele. Esperta, Fênia logo atinou que ele tinha uma bela e aconchegante residência de três cômodos, um bom salário, vivia perto da cidade grande – o que, indubitavelmente, era bem melhor do que viver numa aldeia perdida na província Olonetskaya, para onde Akim planejava voltar e mais tarde chamar a futura esposa, já que a mãe dele estava velha e tinha dificuldades de administrar uma boa propriedade. As intenções de Akim fizeram pesar a balança a favor de Shultz, a quem Fênia dispensava franca preferência. Ao se sentir um tanto desprezado, Akim tornou-se sombrio e irritadiço, instando da traidora explicações tempestuosas que, aliás, não levaram a nada, pois Fênia não pensava desistir de seu brilhante partido.

Depois de levar o bilhete e o presente de recordação a Mery, Fênia resolveu encontrar-se rapidamente com o administrador. A ama estava doente, ademais ela contava com Annuchka, e ninguém lhe notaria a ausência, ainda que demorasse conversando com seu admirador. Destarte, ela partiu em desabalada carreira para o pomar, onde estaria sendo esperada por Shultz e, de fato, viu-o sentado num banco, sob uma enorme tília cercada por arbustos de acácia silvestre. Fênia não reparou estar sendo seguida por um homem que se escondia sob as árvores sombrosas; mas, sem dúvida, teria se assustado, se pudesse ver o semblante transfigurado e os punhos crispados de Akim. Porém, ela não pensava nele e, rindo de felicidade, atirou-se nos braços abertos de Shultz, que a fez se sentar no banco, cingiu-a pela cintura e encetou uma conversação afetuosa. Fênia reiterou ao recente noivo seu amor eterno, assegurou-lhe nunca ter amado Akim e descartou qualquer possibilidade de casar com ele; a paixão ridícula daquele *mujique*(11) estúpido apenas a divertia. No calor da conversa, ambos não se deram conta de Akim escondido atrás das acácias, a dois passos deles, que rangia os dentes ao ouvir aquela conversa.

— Víbora miserável! – guinchou ele.

Saltando dos arbustos por trás do banco, ele agarrou a garganta de Fênia e começou a enforcá-la com as mãos, ainda que ela estivesse abraçada ao seu amado. Por uns instantes, Shultz ficou pasmo, mas ao escutar a jovem rouquejando em voz baixa e contorcendo-se em convulsões, ele se deu conta e, no instante em que Akim largou Fênia, esta tombou no chão e o maluco estava prestes a se lançar sobre ele, Shultz lhe desferiu um soco tão potente que derrubou Akim por terra, sem sentidos. Assustado, o administrador levantou Fênia e tentou reanimá-la; ao ver que não conseguia, ele a carregou à casa do jardineiro, perto dali, e correu para chamar o doutor.

Vadim Víktorovitch estava arrumando seus pertences, triste e atormentado por um perigo indefinido, quando o administrador irrompeu no quarto e lhe transmitiu o ocorrido, pedindo para socorrer a pobre moça e Akim, que não dava sinais de vida. Pelo rosto assustado de Shultz, que mal conseguia permanecer de pé, Zatórsky concluiu que o caso era sério. Pegou a sua farmácia ambulante e mais alguns preparados e

(11) Camponês russo. (N.T.)

seguiu o administrador até a casa do jardineiro. Para não chamar a atenção da criadagem e evitar conversas prematuras, eles saíram pelo terraço.

A baronesa, neste ínterim, não conseguindo dormir, mandou chamar Fênia. Tendo esperado um tempo bastante longo, estava prestes a tornar a tocar a campainha, quando veio Annuchka, anunciando que Fênia não estava em seu quarto e que, provavelmente, teria ido ao pomar, pois algo tinha acontecido com o administrador ou o jardineiro. Contou que o cozinheiro viu Shultz correr até o aposento do doutor e, depois, Vadim Víktorovitch saiu com ele pelo terraço, ambos se dirigindo pela alameda para o pomar.

— Ah, no mínimo a mulher do jardineiro está passando mal; ela não consegue se recuperar do parto e, então, seu compadre foi buscar o doutor – observou a baronesa, em tom entediado.

— Apague a luz, Annuchka, quero dormir e que não me incomodem até eu tocar a campainha.

Ao se ver sozinha, Anastácia Andréevna levantou-se, cobriu-se de capa, calçou os chinelos nos pés sem meia e se esgueirou silente na escuridão diretamente ao quarto do médico. Sobre a mesa, uma lâmpada iluminava o ambiente e perto dela havia uma caixa de remédios. Após esquadrinhar o quarto, a baronesa viu uma mala arrumada aberta. Seu rosto franziu-se em sorriso maldoso de escárnio. Um compartimento especial da caixa de remédios era ocupado por um estojo de couro com substâncias perigosas; a baronesa tirou-o da caixa e começou a ler as etiquetas nos frascos e caixinhas com os pós. Por alguns instantes, o ópio e a morfina detiveram sua atenção, mas ela recolocou-os de volta e tirou o frasco com o clorofórmio.

"Eis do que preciso! Uma toalha, dele embebida, e colocada no rosto, fará o serviço sem deixar suspeitas; a janela aberta ventilará quaisquer evidências", pensou ela, satisfeita.

Ela fechou o estojo, recolocou-o no lugar e se preparava a meter o frasco no bolso, quando repentinamente uma mão fria segurou seu punho cerrado. Sobressaltada, levantou a cabeça e viu Vadim Víktorovitch pálido; este a fitava com nojo.

— Estou vendo que Deus me trouxe na hora oportuna para evitar um homicídio. Que veneno uma fiel esposa usaria para se tornar viúva? Mas isso não tem importância. Se o barão morrer, serei o primeiro a denunciá-la. Também é equívoco seu ao achar que, enviuvada, me obrigará a casar com a senhora. Nunca! Está tudo terminado, definitivamente. Para o cúmulo, só falta que alguém a veja aqui agora, nesses trajes indecentes!

Ele arrancou da mão dela o frasco, dizendo bruscamente:

— Saia!

Nem ele nem a baronesa notaram o vulto do barão, tal qual um fantasma parado no umbral.

— Não vou embora, pois eu o amo e jamais deixarei que me largue! – gritou ela, rubra de cólera. – Exigirei divórcio e você, seu patife ingrato, haverá de se casar comigo, pois temos um filho... Ela calou-se de repente e empalideceu feito cadáver, olhando aterrorizada para o marido que se aproximava. O rosto transfigurado do barão estava decididamente terrível.

— Foi ótimo ter encontrado os dois juntos, casalzinho torpe; foi ótimo também ouvir da boca da víbora a confissão pérfida – berrou ele, em voz surda. – Espere só o divórcio que lhe darei! E, com você, seu miserável, também hei de acertar as contas. Os cães merecem uma morte de cão.

Uma pistola luziu em sua mão e, quase imediatamente, ouviram-se dois estampidos. A baronesa soltou um grito desatinado e tombou pesadamente no chão; Zatórsky agarrou o peito, cambaleou e também caiu, sem emitir nenhum barulho.

O príncipe foi o primeiro a ouvir os tiros. Largando o livro, ele correu para o quarto do doutor, imediatamente seguido pelo mordomo e camareira. Pasmos, estacaram diante dos corpos estendidos; o barão estava sentado na poltrona, com olhar apalermado.

— Rápido, Ivan e Annuchka, levantem a baronesa! Carreguem-na ao dormitório para atar o ferimento, enquanto eu examinarei Vadim Víktorovitch! – ordenou o príncipe, abaixando-se de joelhos diante do ferido.

Anastácia Andréevna não dava sinais de vida quando a ergueram. Seu penhoar branco de flanela estava todo ensangüentado e no rosto se congelara uma expressão de terror insano. Por todos os lados acorreram pessoas berrando, de modo que o príncipe teve de dar um basta à desordem. Instando as mulheres a acompanharem Annuchka para cuidar da baronesa, ele ordenou a um dos criados ir a Revel para chamar um médico e os outros para transportarem Vadim Víktorovitch ao seu dormitório.

— Ele ainda respira e talvez possamos salvá-lo – disse ao criado que o ajudava a despir, deitar e fazer a atadura no ferimento do doutor, que poderia ser mortal, já que lhe atingira o peito.

Enquanto o príncipe lavava o ferimento e colocava o curativo, o criado contou, sussurrando, da outra tragédia que se desencadeara naquela noite fatídica, custando a vida de uma terceira vítima: Fênia havia morrido.

"Deus misericordioso! Que demônios assolam esta casa!", pensou o príncipe, persignando-se.

Ele se inclinou apreensivo sobre o ferido, de cujos lábios entreabertos escapava uma respiração rouca e sibilante; os olhos estavam cerrados e aparentemente ele estava incônscio. O príncipe releu as instruções do mestre, esfregou as pálpebras e as têmporas do ferido com uma essência de odor forte e esperou. De súbito, ele se lembrou do barão e o foi espiar no quarto vizinho. Maximiliano Eduárdovitch continuava sentado inerte na poltrona, ao seu lado o criado lhe dava sais para cheirar.

— Deixe-o, Ivan! É melhor que ele descubra a terrível verdade só mais tarde – disse o príncipe, a meia voz. – Cuidaremos dele depois, pois não posso me afastar de Vadim Víktorovitch.

Aleksei Adriánovitch voltou junto ao ferido, que se mexeu levemente e abriu os olhos; um sorriso fraco franziu seu rosto pálido ao reconhecer o príncipe.

— Rápido, traga-me um papel, uma pena e um pouco de vinho, preciso de forças – sussurrou ele.

O príncipe trouxe apressado o mata-borrão, colocou sobre ele uma folha de papel, abriu o tinteiro e estendeu a pena; a seguir, ao cálice de vinho ele ajuntou cinco gotas do líquido parecido com o mercúrio, deixado pelo adepto. Cuidadosamente erguendo o ferido, ele levou aos seus lábios o cálice, engolido avidamente pelo doutor; um leve rubor invadiu o seu rosto. Zatórsky, com vigor inesperado, pegou a pena e escreveu com mão firme:

"Declaro ser o único responsável pela morte da baronesa e da minha."

— Ela está morta? – perguntou, persignando-se.

— Temo que sim – respondeu o príncipe. – Mas o senhor, provavelmente, será salvo.

— Infelizmente, acho que não; o ferimento é letal. Mas a minha confissão poderá inocentar o barão, evitando que seus filhos fiquem totalmente órfãos. Peça-lhe para me perdoar! – murmurou Zatórsky, em voz quase inaudível.

Neste instante, ouviram-se grandiosos e incrivelmente melodiosos acordes e o rosto do príncipe foi bafejado por um aroma divinamente suave. O doutor ficou toldado em luz azul-celeste, que foi adquirindo a forma de um enorme ovo de substância gelatinosa e, em seu interior, alçava-se em espiral uma fumaça negra cheia de seres asquerosos, tentando se grudar ao corpo. Porém, acima da cabeça de Vadim Víktorovitch cintilava uma luz brilhante e seus feixes incidiam sobre as criaturas nojentas e as repeliam.

Ajoelhado, o príncipe ficou admirando o espetáculo, tremelicando de emoção indescritível ao som da maravilhosa música que ainda se ouvia no quarto. Então, ei-la – a vibração do bem – a grandiosa harmonia gerada por sentimentos puros e altaneiros da alma humana. Neste instante, em seus ouvidos soou a voz baixa feito um sopro do mestre.

— Mãos à obra! Veja a luz gerada de bons arrebatamentos – prova do arrependimento dos crimes cometidos, do perdão ao seu assassino e do amor aos filhos dos que o arruinaram.

Zatórsky parecia ter retornado à inconsciência. Sem dar a isso importância, o príncipe pegou uma xícara de água e nela acrescentou meia colher do líquido do frasco. A água ficou rosa e borbulhou; então ele tirou a bandagem, embebeu-a com a mistura e aplicou novamente sobre o ferimento, atando-o em seguida. Com a mesma mistura, ele lavou o rosto e os braços do ferido. Zatórsky abriu os olhos e suspirou visivelmente aliviado.

— Obrigado, estou bem melhor, mas com muita sede – murmurou ele.

O príncipe aprontou uma bebida com o preparado fornecido pelo adepto e deu-o de beber para Vadim Víktorovitch; este fechou os olhos e adormeceu.

Ao terminar a arrumação dos pertences, Mery sentou-se à mesa e tentou ler; não queria dormir, tomada que estava por violenta e indefinida angústia. Tomou calmante, mas não ajudou. Debalde tentou se convencer de ter conquistado a felicidade, que ninguém mais lhe subtrairia, e que era uma tolice se preocupar; amanhã mesmo ela estaria longe do castelo odioso e *ele* – longe daquela imprestável. Suas considerações, porém, não ajudavam e os receios parecia ganharem mais força. Por fim, ela se pôs a refletir sobre o futuro e, em meio a esses devaneios cor-de-rosa, mergulhou sentada na poltrona num sono pesado e inquieto. Ela não viu Pacha irrompendo no quarto, esbaforida e com olhos errantes, e só acordou quando esta a sacudiu pelo braço.

— Acorde, senhorita. Aconteceu uma desgraça. O barão matou a esposa e o doutor! – gritou ela, agitando as mãos.

Mery ergueu-se sobressaltada, esbugalhou os olhos e se agarrou na mesa para não cair.

— O doutor está morto? – balbuciou ela, agarrando a cabeça com as mãos.

— Bem, não tenho certeza, mas os dois estão mal; o príncipe está com eles. A baronesa, apesar de todas as tentativas nossas, permanece inconsciente. Dois homens partiram a cavalo a Revel para buscar os médicos; só depois saberemos – reportou-se Pacha.

— Onde está Vadim Víktorovitch? – perguntou Mery.

— Em seu dormitório. Ai, ai! Que dia de pesadelos! A senhorita ainda não sabe, mas Akim enforcou sua pobre Fênia – choramingou Pacha.

Mas Mery já não ouvia mais e corria aos aposentos do doutor. Feito uma flecha, ela atravessou o gabinete, ignorando o barão estendido na poltrona e, sem pedir licença, irrompeu no dormitório. A lâmpada sob o abajur verde espargia meia-luz alvacenta sobre as almofadas, onde se delineava a cabeça pálida do ferido. Mery caiu de joelhos junto à sua cabeceira e em voz entrecortada ciciou:

— Vadim Víktorovitch!

Zatórsky abriu os olhos e em seu rosto refletiu-se uma expressão de sofrimento e desespero profundos.

— Mery, minha pobre Mery!... A felicidade parecia tão próxima, mas não era destino ela se realizar. Eu carrego a punição por meus atos imundos – balbuciou, apertando-lhe fracamente a mão.

— Se o senhor morrer, morrerei junto; mas antes, matarei aquela miserável que pôs tudo a perder – respondeu Mery, tremendo feito vara verde.

Ela se ergueu e inclinou-se a ele; em seus olhos negros fulgia um ódio tão violento, que o doutor estremeceu.

— Mery, não diga isso, nem tenha essas idéias, pois isto me faz sofrer. Jure-me agora jamais revelar a alguém de eu ter sido morto pela mão do barão. Diante dos homens e da justiça, fui eu que matei a baronesa e depois suicidei; ninguém poderá ter dúvidas disso.

— Não, eu vou denunciá-lo. Ele que carregue as conseqüências desse crime! Seria idiota apiedar-me do patife que arruinou a minha vida – gritou ela, fora de si.

— Mery, este é o meu último desejo! Será ele recusado? Liza e Bóris são inocentes. Deseja vê-los completamente órfãos? Não torne mais penosos meus últimos momentos e prometa cumprir o meu derradeiro desejo.

Uma luta atroz parecia se processar na alma da jovem; depois, vencida pelo olhar suplicante com que ele a fitava, ela sussurrou:

— Prometo – e pôs-se a chorar convulsivamente.

— Obrigado. A promessa foi a melhor prova de amor que eu podia ter recebido e que me deixa feliz. Não chore, querida, o tempo cura todas as desgraças e Deus lhe enviará a felicidade com alguém mais digno. Agora me dê um beijo; a morte me será doce com ele.

Sem hesitar, Mery se inclinou e, no longo beijo, suas almas como que se uniram, selando a fidelidade.

— Jamais amarei um outro homem e não esquecerei deste momento – murmurou ela.

Contudo, a sua perturbação foi assaz intensa; ela cambaleou e teria caído, não fosse amparada pelo príncipe.

— Dê-lhe um sonífero – inquietou-se o doutor, fitando Mery, que parecia acometida de crise nervosa.

Quase à força, o príncipe a fez tomar as gotas; mas, vendo que ela estava definitivamente enfraquecida, ergueu-a nos braços como a uma criança, levou-a ao seu quarto e chamou por Pacha.

Ao retornar para Vadim Víktorovitch e passando pelo gabinete, o príncipe viu que o barão voltara a si. Ele estava sentado na poltrona, seu olhar perdido e apático detinha-se na poça de sangue no chão; o príncipe se aproximou.

— Meu pobre amigo, volte a si e tente se acalmar. Não há mais nada a fazer.

— Ambos estão mortos? – perguntou baixinho o barão.

— Ela, sim; mas ele ainda está vivo, porém o ferimento é letal. Apesar de seus equívocos, ele é uma pessoa magnânima e boa. Depois do tiro, quando ele recuperou os sentidos, pediu um papel e pena; pensei que ele queria deixar um testamento, mas, ao invés disso, o doutor assinou uma declaração confessando ter assassinado premeditadamente a baronesa e, depois, tentado suicídio. Isso o livra, barão, da justiça humana.

— Não posso aceitar tal generosidade – protestou o barão.

— O senhor há de aceitá-la por causa dos filhos e não tem o direito de deixá-los órfãos, subtraindo-lhes o nome honesto com risco de um escândalo familiar.

Com um gemido surdo, o barão cobriu o rosto com as mãos.

— O senhor deveria falar com o doutor e dizer-lhe que o perdoa. Não imagina a punição que lhe infligiu. Os dois, ele e Mery, se amavam, já tinham se explicado, e ela está desesperada – observou o príncipe.

— Neste caso, por que ele precisava da amante? Perdi a cabeça ao flagrar os dois. O resto são tolices: sua magnanimidade me desarmou e, com um moribundo, a gente deve ter consideração. Dê uma olhada, Aleksei Adriánovitch, se ele está consciente. Irei me reconciliar com ele – pronunciou o barão, num esforço.

Zatórsky estava lúcido. Inquirido pelo doutor, respondeu que não estava sofrendo muito, apenas sentia uma fraqueza extremada.

— Perdoe-me a pergunta indiscreta, Vadim Víktorovitch: para que veio a baronesa, já que não se cogitava uma reconciliação? – perguntou o príncipe, indeciso.

— De fato. Ela sabia perfeitamente que entre nós estava tudo acabado.

E então, o doutor, em algumas palavras, contou que, sendo chamado para acudir Fênia, ao voltar, flagrou a baronesa no quarto, subtraindo uma substância para se livrar do marido, com a esperança de obrigá-lo a casar-se com ela, porque se tornaria viúva.

— Ah, por que não nos ensinam na escola disciplinar a força de vontade para resistirmos aos ímpetos da carne? Como gostaria de aprender esta ciência da alma e consagrar-lhe a vida... Talvez, Deus não queira isso! – lamentou ele.

O príncipe apressou-se a voltar junto ao barão.

— Vim mitigar seus receios, Maximiliano Eduárdovitch. No que lhe concerne a esposa, o senhor apenas serviu de instrumento da justiça. Ela não só era falsa e ingrata com o homem que a prodigalizou de benevolências e amor dadivoso, como também planejava matá-lo.

Ele, então, transmitiu o que acabara de ouvir do doutor e acrescentou: – Vadim Víktorovitch protegeu sua vida contra aquela hiena, com quem já tinha rompido o relacionamento. Apesar do erro grave, o senhor perde um amigo. Sendo, no íntimo, uma pessoa honesta, faltou ao doutor força de vontade, contagiado que está com os costumes dissolutos de nossa sociedade. Ele tornou-se uma vítima da pregação criminosa da não resistência contra o mal. O fato é o seguinte: ele não conseguiu se resguardar de uma mulher mundana, que o subjugou. Ah, se o senhor tivesse pedido por meu conselho, Maximiliano Eduárdovitch!

— Tivesse eu poder sobre a minha alma, como o senhor diz, não permitiria que um acesso de raiva me cegasse. O demônio me empurrou para praticar esse duplo homicídio – disse o barão, lívido e desanimado, ao se levantar e se dirigir ao quarto contíguo.

Trêmulo, ele se agachou sobre o ferido, que o fitava com os olhos dilatados.

— Vim agradecer-lhe, Vadim Víktorovitch, pela magnanimidade que remiu sua culpa, e pedir-lhe perdão por meu ato insano e criminoso. Um duelo teria sido melhor. A ira cegou-me – pronunciou, perturbado.

— Perdôo-o de toda a alma. De todos, sou o mais culpado e a sua ira foi justa. Não me lembre mal!... – pediu o ferido, em voz cansada.

As lágrimas que afluíram à garganta do barão impediram que ele respondesse. Calado, apertou a mão do moribundo, virou-se e deu alguns passos cambaleantes; sua cabeça andava à roda.

— Vá para o seu quarto, Maximiliano Eduárdovitch, deite-se e tente dormir ou, pelo menos, descanse. Amanhã, com a vinda das autoridades, o senhor precisará de forças, sobretudo para cuidar do enterro – observou o príncipe, pegando o barão pelo braço e ajudando-o a chegar até o gabinete.

Célere, ele retornou junto a Vadim Víktorovitch, que dormitava, sem sofrer aparentemente, pois não se lhe ouvia qualquer gemido, apenas uma respiração pesada e irregular. O príncipe sentou-se aos pés da cama e mergulhou em oração.

Nisso, um leve barulho o interrompeu. Levantando a cabeça, viu, surpreso, Lili. Ela estava parada no umbral da porta, premendo contra o peito a imagem de Nossa Senhora, em rico caixilho de ouro. Vestia um longo penhoar branco de batista; os maravilhosos cabelos loiros estavam soltos e desarrumados e o rostinho pálido parecia transparente. Frágil e magra, a menina parecia uma visão e os olhinhos, dilatados e assustados, estavam vermelhos de choro sob os densos cílios.

— Posso entrar e colocar no peito dele a imagem da Mãe de Deus? Isso aliviará a sua morte – disse ela, baixinho.

— Claro. Entre, coloque o ícone de nossa Protetora e faça uma oração! – anuiu o príncipe, olhando para ela afetuosamente.

Lili aproximou-se do leito devagar e sussurrou:

— Eu estive com a mamãe, mas parece que ela está morta. Rezei por ela e, quando fui colocar a imagem em seu colo, senti que ela me repelia, o que me deixou com muito medo. Vim orar por Vadim Víktorovitch, para que a misericordiosa Rainha Celeste o salve e purifique. Ele sempre foi muito bom comigo; no ano passado, quando fiquei muito doente, ele atravessou noites e noites junto à minha cama.

As lágrimas impediram-na de prosseguir. Ela se curvou sobre o ferido e perguntou temerosa:

— Está vivo ainda?

O príncipe balançou afirmativamente a cabeça. Então, ela deitou cuidadosamente o ícone sobre a mão imóvel de Vadim Víktorovitch. Este estremeceu, abriu os olhos e sorriu ao reconhecer o rostinho querido inclinado.

— É você, Lili? Obrigado por ter vindo.

— Eu lhe trouxe, tio Vadim, a imagem milagrosa, para aliviar seus sofrimentos. Posso orar para que Deus o ajude? Será isso de seu agrado?

— Ore, Lili! Eu orei pouco na minha vida e estou feliz que a oração de uma alma inocente me acompanhará ao outro mundo. Obrigado e adeus, querida criança! Não se esqueça de mim e seja feliz. Permaneça sempre boa e tenha fé em Deus...

Ele se calou, exaurido, depois murmurou em voz quase inaudível:

— Sede!...

O príncipe deu-lhe o resto da bebida misteriosa que o doutor tomou avidamente e mergulhou no esquecimento. Lili se levantou e orou ardorosa. O príncipe, que a observava atentamente, viu sobre a cabecinha loira uma luz suave azul-celeste; do peito fulgia um feixe púrpuro, do qual bafejou um calor vivífico.

"Quem poderia imaginar que uma mãe imprestável pudesse gerar uma criança tão maravilhosa, predestinada, pelo visto, a ser pura e altaneira", pensou o príncipe. "De sua mente emanam pensamentos puros e, do coração, o calor de afeição sincera e profunda".

Um sentimento de cálida simpatia inflamou-se em seu coração por aquela menina tornada órfã tão tragicamente e ele prometeu a si empenhar todos os seus esforços para iluminá-la, ampliar seus horizontes mentais e instruí-la sobre as leis que governam o mundo, tanto visível, como invisível, para que a sua fé não se abalasse no meio da turba devassa com a qual ela deveria conviver, e para que os vícios não lhe maculassem a alma. Sob a impressão daqueles pensamentos, ele se pôs de joelhos ao lado da menina e, tomando-lhe a mão, começou a recitar a mais grandiosa das orações, em que Cristo depositou todos os deveres e as necessidades humanas: "Pai nosso que estais no Céu..."

Após algum tempo, difícil de ser determinado, Aleksei Adriánovitch levantou-se e olhou para Zatórsky, cujo rosto adquirira uma tonalidade cérea; em seguida, ele ergueu Lili e beijando-lhe a mão disse:

— O nosso amigo parou de sofrer. Vá descansar, Elizaveta, e depois eleve uma oracão por seus pobres pais; eles precisam disso.

Toda em pranto, Lili persignou-se, beijou o morto e saiu.

# XII

Na manhã seguinte, um criado anunciou ao príncipe a chegada do médico, do investigador e do promotor da justiça, vindos para tratarem do caso de Fênia. Mas a noite passada vitimara mais uma pessoa: Akim enforcou-se em seu quarto, onde fora trancafiado. O médico estabeleceu a morte da baronesa, do doutor Zatórsky e de Fênia com Akim. O barão se encontrava em crise nervosa e estava tão fraco, que mal conseguiu fazer o seu depoimento. Ele explicou ter voltado para casa antes do esperado, ansioso por reencontrar os familiares, tendo vindo de carruagem contratada. Para não perturbar ninguém, ele abriu a porta com sua chave e, ao se dirigir ao seus aposentos, ouviu os tiros, em cuja direção correu, encontrando dois corpos estendidos. Com o choque da desgraça, ele se deixou cair na poltrona e, daquilo que aconteceu em seguida, só tinha uma idéia confusa. Quanto ao motivo do assassinato e suicídio, o barão pediu que o poupassem dessa explicação. O bilhete deixado por Zatórsky, sendo um documento genuíno, fez com que o seu relato fosse verossímil. A comunicação do príncipe ao investigador sobre um relacionamento íntimo entre os mortos, confirmado pela criadagem, preencheu as lacunas. Ficava obscura apenas a briga entre os amantes, que precedeu à catástrofe.

As autoridades judiciais ainda estavam lavrando os protocolos, quando, subitamente, chegou Elena Oreéstovna, surpresa por não ter encontrado a equipagem que deveria buscar o barão. Ao se inteirar dos fatos que ocorreram no castelo na noite anterior, quase desfaleceu, mas com a energia a ela característica imediatamente se pôs a ajudar Eletsky, que teve que cuidar de tudo, pois o barão não estava em condições de expedir as determinações mais simples.

A atmosfera na casa era lúgubre e carregada. No salão, onde algum tempo atrás dançavam alegremente, descansava o corpo da baronesa, arrancada inopinadamente no florescer dos anos do banquete da vida. Vestido para o sepultamento, Zatórsky foi deixado no leito colocado no meio do gabinete, aguardando-se a vinda dos caixões.

A criadagem, nervosa e sombriamente humorada, sussurrava nos quartos dos empregados. Não só a morte trágica de Fênia e Akim oprimia como um pesadelo, mas o fim da baronesa e do doutor geravam falatório interminável. Inicialmente, todos tinham o barão por assassino, e a história do suicídio propiciou discussões acaloradas; entretanto, ninguém tinha certeza de nada. Quando Ivan e Annuchka tinham irrompido no aposento, ambos os corpos jaziam no chão; o barão, feito um aparvalhado, estava sentado na poltrona. Annuchka confiou a todos que Anastácia Andréevna não raro batia em Vadim Víktorovitch. Provavelmente, ao se sentir afrontado por algum desatino, ele tenha se enfurecido e a matado, suicidando-se em seguida para não ser sentenciado a trabalhos forçados. Esta versão satisfez a todos, sem dizer que cada um tinha trabalho até o pescoço.

O príncipe cuidava de tudo e enviou, inclusive, um telegrama à tia de Zatórsky, comunicando o triste episódio e pedindo-lhe as determinações quanto ao lugar do sepultamento: seria enterrado em Revel ou o corpo deveria ser transportado para Petersburgo?

Quando Mery despertou de seu longo sono e se conscientizou dos fatos, teve um acesso de desespero desvairado, extravasando todo o desenfreamento de sua natureza fogosa e sobreexcitada. Ela rolava numa crise de histerismo, arrancava os cabelos e culpava os Céus da crueldade e injustiça. Elena Oreéstovna, presente no quarto, à qual o príncipe confiou toda a verdade sobre o infortúnio de Mery, já suspeitava de tudo bem antes; Eletsky aconselhara-lhe não deixar sozinha a jovem e manter longe os criados, receando que ela, num acesso de desespero, revelasse o verdadeiro assassino, apesar de sua promessa. Deixando passar o primeiro paroxismo, ao qual sobreveio a involuntária tranqüilização pelo esgotamento das forças de Mery, Elena Oreéstovna tentou agir sobre ela através das persuasões, envergonhando-a pelas imprecações e desespero insano, que poderiam deitar por terra o ato grandioso da pessoa amada que expiara seus equívocos com uma morte verdadeiramente cristã. As palavras severas e ajuizadoras de Elena Oreéstovna não deixaram de fazer efeito sobre Mery e, à noite, quando se realizou o primeiro réquiem, ela compareceu nele, ainda abalada, porém nada denunciando que pudesse prejudicar o barão. Este também presenciou a cerimônia, no fim da qual se sentiu mal e foi levado para o quarto. Lili esvaziara todos os canteiros do jardim, cobrindo de flores frescas e aromáticas os corpos dos defuntos; até para Fênia e Akim ela trançou algumas coroas, enviando-as em seguida.

Sobreveio a noite e, no salão, um sacristão de meia idade recitava monotonamente os salmos. Os grandes círios em castiçais de prata iluminavam opacamente a falecida. Seu rosto estava coberto de gaze, já que nem a morte conseguiu conferir aos traços transfigurados da baronesa a expressão daquela serenidade límpida e grandiosa que a grande libertadora normalmente impõe sobre os restos mortais daqueles que compreenderam o magnífico enigma da existência.

Mal bateu a meia-noite, o sacristão sentiu um frio e pensou buscar o paletó; pareceu-lhe que uma lufada de vento abria a janela e a rajada glacial atravessava o salão, balouçando a chama dos círios. Um pavor jamais sentido apossou-se dele. Estava prestes a deixar o local, mas fraquejou e cobriu o rosto com as mãos. Dominando com muito esforço a fraqueza, ele se retesou ao ouvir um barulho estranho, como que de um estalo se alternando com rugir surdo. Ele esbugalhou os olhos e, mudo de pavor, presenciou um quadro inédito e incompreensível.

A dois passos dele, envolto num clarão amplo vermelho-sangüíneo, pelos degraus do catafalco subia um enorme tigre. Erguendo-se nas patas traseiras e apoiando-se nas dianteiras sobre o peito da defunta, o olhar fosforescente da fera deteve-se no pobre sacristão. Atrás do tigre, como que pairando no ar, via-se a figura de uma mulher de tez brônzea, cabelos soltos adereçados com jóias; na mão ela empunhava um objeto vermelho.

Um grito selvagem de terror soltou-se do peito do sacristão. Como que através de uma névoa, pareceu-lhe o tigre ter recuado, enquanto a mulher nua, envolta tal qual em véu por cabelos negros, turbilhonava em bruma sanguinolenta; nisso ele perdeu os sentidos.

O grito desatinado fez os criados próximos estremecerem. Ivan, o primeiro a irromper no salão, ainda viu a cabeça do tigre assomando-se sobre a defunta e como que a revirando; depois, tudo desapareceu.

O pânico tomou conta da casa. Os criados resistiam aos apelos de permanecerem no castelo e só a muito custo alguns aceitaram ficar até a partida da família, marcada imediatamente depois do enterro da baronesa. Ninguém quis tocar no cadáver achado com o rosto virado para baixo e com uma grande marca de mordida no peito. É natural que aquele acontecimento abalou ainda mais o barão, ansioso por abandonar o local nefasto, que lhe lembrava o drama em que ele era um dos principais personagens. No parque, nas proximidades do castelo, havia uma capela familiar com jazigo dos últimos von Kosen, da linhagem mais nobre. O prédio fora erguido no fim do século XVIII e tinha tumbas vazias. Percebendo a indisposição das pessoas e desejoso de acabar o mais rápido possível com o escândalo familiar, o barão decidiu enterrar a esposa naquele jazigo. À tarde chegou um telegrama de Petersburgo da dama de companhia da tia do doutor; ela comunicava que, ao receber a notícia da morte do sobrinho, Sofia Fiódorovna teve um ataque apoplético e que, no momento, não estava em condições de expedir qualquer determinação. Não havia outros parentes próximos e onde moravam os mais distantes ela não sabia; portanto, ela pedia enterrá-lo no terreno de alguma igreja de Revel, até uma nova ordem.

Aconselhado pelo príncipe, o barão decidiu colocar temporariamente o caixão de Zatórsky no jazigo familiar.

Na manhã seguinte, às pressas e sem qualquer cerimônia suntuosa, realizou-se o enterro; o caixão de Vadim Víktorovitch foi posto perto da entrada ao jazigo; de seu corpo já emanava o cheiro de cadáver, testemunhando uma rápida decomposição...

Logo após o meio-dia, Elena Oreéstovna partiu do castelo levando Mery, que parecia adoentada, as crianças com a governanta e todo o pessoal feminino da criadagem. O barão ficaria ainda por uns dois dias. Apesar da vontade de abandonar o mais breve possível o detestável castelo, ele foi retido por alguns assuntos importantes. O príncipe anunciou que não deixaria o amigo e ficaria com ele em Petersburgo até que o barão decidisse de seu futuro, após o que Eletsky planejava voltar para Londres.

Na noite daquele dia, ambos estavam sentados no quarto do príncipe e tomavam o chá; abatido, o barão relutava em voltar aos seus aposentos.

Eles conversavam sobre os estranhos acontecimentos dos últimos dias, da morte de Karl, da visão do sacristão. O príncipe lhe relatou sobre o aparecimento do fantasma do cavaleiro livônico, que se verificou, de fato, um arauto dos infortúnios. O barão ficou pensativo e por fim observou:

— Se fossem críveis todas essas histórias com o tigre, seria terrível; mas confesso-lhe, Aleksei Adriánovitch, eu não acredito que o pobre Pratissuria pudesse prejudicar a quem quer que seja. A questão é que nenhum dos nossos tolos e supersticiosos criados jamais viu um tigre de verdade. Acho que eles tiveram uma alucinação. O melhor a fazer é levar a estátua e o animal para Petersburgo; que fiquem no museu! Eu já encomendei uma campânula de vidro para eles...

— Pelo amor a Deus, desista de sua loucura! Quer que seus filhos sejam vítimas do vampiro? – exclamou o príncipe irado e em tom tão convincente que o barão ficou constrangido.

Mas ele era uma daqueles pessoas turronas, aos quais não bastava uma forte evidência para mudar a opinião formada.

— O que me resta a fazer? Não posso simplesmente me desfazer dos objetos tão raros e valiosos, jamais chegarei a tal ponto de crendice e vandalismo.

— *Il n'y a de pire sourd que celui qui ne veut entendre* (o pior surdo é o que não quer ouvir) – e, se não lhe bastarem essas provas, espere por novas – retrucou o príncipe, contrafeito.

— Bem, bem, meu amigo, não fique zangado; já sem isso não me faltam dissabores! Seja condescendente com minha paixão arqueológica e, para provar-lhe que eu tenho em alto apreço a sua opinião, deixarei aqui Pratissuria e Káli; eles serão fechados por vidro e tenho certeza de que, dessa maneira, eles serão inofensivos.

— Graças a Deus! Que eles fiquem aqui, esses mensageiros da vingança diabólica!

— O senhor é um homem ingrato, príncipe! A pobre moça o amava tanto, que sacrificou a vida ao perdê-lo. Sua solicitude de presenteá-lo com o mais valioso – o coração e o tigre –, ainda que lúgubre, é profunda, emocionante e poética. Se o tigre fosse um mensageiro da vingança, teria, antes de tudo, atacado o senhor, e não um vigia inocente – observou o barão.

O príncipe deu de ombros.

— Estou salvo dos ataques dele pelo poder daquele que nos salvou. O senhor, testemunha do caso, e sendo um homem não totalmente ignorante no ocultismo, não pode repudiar esses fenômenos.

— Absolutamente! Acredito até na assombração do cavaleiro, comprovado através dos séculos, e considero os relatos fidedignos, pois a desgraça por ele pressagiada fulminou-me diretamente. O barão cobriu os olhos com as mãos. – Oh, se eu pudesse achar um meio de lhe devolver a paz no túmulo, saciar-lhe a sede de vingança – bem mais terrível comparada à de Pratissuria!... Aleksei Adriánovitch, acredito que o senhor conhece muito sobre as ciências ocultas. Não poderia me aconselhar como acalmar a alma do cavaleiro? Ou, talvez, o rajá nos dê alguma instrução nesse sentido? – perguntou o barão.

— Antes que tenhamos uma resposta de Vedjaga Singa, estaremos longe de Zeldenburgo – observou o príncipe, evasivo. – A propósito, conversei com um místico muito estudado sobre um caso parecido e ele me disse o seguinte: os locais dos delitos normalmente são visitados por espíritos malignos e, amiúde, as vítimas, fervendo de ódio, são ali aprisionadas por desígnios maléficos ou violenta sede de vingança. Voltando ao caso que lhe interessa, é de se supor que o cavaleiro não era de todo irrepreensível, pois a sua relação com a esposa do irmão é duplamente criminosa; só o fato de ele ter escolhido aquele local sagrado para encontros amorosos, aponta uma boa dose de imoralidade. Para cumprir escrupulosamente a sua provação terrena, o homem deve fazê-lo sem casuísmo, atenuando-lhe a culpa; a justiça implacável do carma não leva isso em conta. Sem dúvida, a agonia do pobre Raimond foi terrível, mas o ódio, a fúria e as maldições de nada resolveram. Pelo contrário, ele criou em seu nicho uma aura que o aprisionou àquele lugar, enquanto as pragas, atos de uma vontade poderosa, obrigam-no a aparecer à força, caso algum infortúnio ameace a linhagem a que ele é unido por laços; além disso, ninguém reza por ele. Eis o que eu lhe aconselharia: abrir o nicho, tirar de lá os ossos e sepultá-los em terra benzida em ritual religioso. Proponho-me a cuidar da purificação da capela e do nicho. Há de se orar pela paz da alma do cavaleiro e aconselho reerguer o altar sagrado e realizar ali pelo menos três missas por ano. Acredito que dessa forma o senhor ponha um fim às aparições fatídicas e, mais tarde, acalme e purifique a alma penada.

— Amanhã mesmo mandarei abrir o nicho e farei de acordo com as suas instruções, muito justas, práticas e sensatas; orarei diariamente pela paz da alma do pobre Raimond. Está vendo, meu amigo, o senhor é injusto ao considerar-me incrédulo. Entretanto, seja como for, não posso acreditar que Pratissuria morto possa morder as pessoas. O senhor, Aleksei Adriánovitch, é um tanto místico e um pouco fanático, exagerando nas coisas.

O príncipe sorriu.

— Se quiser e não tiver medo, podemos ir ao museu agora. Poderá verificar pessoalmente o olhar do tigre, que parece vivo. O senhor, que o viu com vida, poderá julgar do realismo de seu olhar, difícil de ser esquecido.

— Vamos imediatamente! Não tenho medo de nada e estou feliz por distrair-me dos pensamentos opressos.

O príncipe pegou uma lamparina e foi com o barão ao quarto do museu, onde acendeu um candelabro para melhor iluminar a fera. O barão se inclinou e, zombeteiro, apalpou o tigre ceticamente; quando, subitamente, soltou um grito e retesou-se: ele reparou no desaparecimento do colar da estatueta de Káli.

— Olhe, roubaram o colar! É uma insolência que passa de todos os limites. O ladrão que se cuide se não me devolver o objeto sem preço – berrou ele, tremendo de fúria.

— Poupe-se da procura desta coisa terrível e agradeça a Deus por ter encontrado um idiota que o livrou dela com todos os seus infortúnios. Esqueça por um minuto o colar, afaste-se um pouco e olhe bem para Pratissuria.

Tendo tirado do peito o crucifixo do qual se falou antes, o príncipe ergueu-o sobre a cabeça do tigre. Imediatamente por sobre o corpo do felino percorreu um arrepio e nos olhos fosforescentes verdes cintilou uma chama de vida, deitando no barão um olhar feroz; suas poderosas garras crisparam e da boca semi-aberta soltou-se como que uma labareda sangüínea. Pálido e trêmulo, o barão recostou-se na parede.

— Bem, agora o senhor acredita? – perguntou o príncipe, pendurando o crucifixo no pescoço.

— É difícil não acreditar. Mas o que faremos com esta maldita criatura do inferno?

— Não possuo conhecimentos suficientes para acabar com o vampiro e a estátua, mas posso encerrar ambos num círculo mágico, que os deixará paralisados. Estou demasiadamente fraco e seria perigoso iniciar um confronto com as forças do mal. Mais tarde pediremos a Vedjaga Singa dar cabo desse animal diabólico e acalmar o espírito maligno de Vairami. Farei o que puder agora; o senhor saia e me espere.

O príncipe foi ao seu quarto e trouxe de lá dois aros mágicos de esmalte vermelho, com sinais cabalísticos. Um dos aros ele colocou sobre o pescoço do tigre; em seguida, tirou a estátua da base, apoiou-a sobre uma coluna que trouxe da sala e inseriu-a no segundo aro metálico. Baixando os estores, o príncipe deitou no braseiro diferentes ervas, espalhou sobre elas o ládano, mirra e um pó branco, e pôs fogo em tudo. Uma fumaça densa tomou conta do quarto. Segurando alto o crucifixo e recitando fórmulas, ele saiu de costas, deu dois giros na fechadura, desenhou na porta uma cruz vermelha e foi ter com o barão.

— Por algum tempo, os nossos amigos ficarão presos e podem se divertir um com o outro. Tranque a chave numa gaveta metálica e pendure um crucifixo na porta do quarto. Proíba os criados de lá entrarem, a qualquer pretexto.

— Oh, quanto a isso não precisamos temer; todos estão apavorados e ninguém se atreveria a chegar perto do maldito lugar – disse o barão, pálido, e com o rosto mudado.

No dia seguinte, eles saíram para examinar a parede na capela, marcada com cruz. Ao abrirem a parede, descobriram um nicho fundo, onde um pedestal vazio indicava que ali outrora se encontrava uma estátua de santo. No momento, na base havia algo como uma múmia horrenda. Uma corrente de ferro deve ter prendido firmemente o condenado, a julgar pelo fato de que ela ainda sustentava o corpo, envolto em farrapos. Os membros, unidos convulsivos, a cabeça atirada para trás e a boca demasiadamente aberta testemunhavam o horror da agonia do infeliz.

Na mesma noite, os restos foram transferidos para a igreja luterana do povoado vizinho para serem sepultos segundo os ritos cristãos. O nicho foi lavado e borrifado com água benta, sendo ali pendurada uma cruz, até que o local sagrado não fosse restaurado. Os habitantes do castelo pareciam aliviados com a paz que ali se instalaria, já que os restos do cavaleiro não mais estavam lá. Quanto à sala do museu, trancada à chave e onde ficaram guardadas as antigüidades de Maximiliano Eduárdovitch, inspirava tanto medo, que os moradores evitavam até passar por perto.

No dia seguinte, após a missa e o enterro do cavaleiro Raimond, o barão se apressou em deixar o castelo. O príncipe faria o mesmo um dia depois, pois ainda não tivera tempo de terminar alguns rituais de purificação da capela. O velho castelo ficou quase vazio e silencioso.

Entretanto, uma semana depois da partida do príncipe, uma carta alarmante do administrador comunicava ao barão que, por três noites seguidas, no quarto trancado, ouvia-se um barulho infernal, sacudindo a casa. No começo eram urros atordoantes, que estremeciam as paredes, depois, gritos e cantos selvagens; parecia também haver luz no quarto. Após aquelas três noites, porém, a calma voltou.

Apesar da magnanimidade do falecido Zatórsky, livrando o barão dos duros suplícios de um processo escandaloso, ele não conseguia readquirir o equilíbrio emocional. Os jornais falavam do "misterioso drama de Zeldenburgo" e, na sociedade, o enigmático acontecimento era interpretado de várias formas; a morte prematura do médico envolvido num caso rumoroso consternava todos, sem empanar, todavia, a sua reputação adquirida. Com tudo isso, ainda que o insulto infligido à honra do barão o absolvesse do seu ato insano, os remorsos atormentavam Maximiliano Eduárdovitch. Ele se exprobrava de duplo homicídio e sua permanência em Petersburgo era insuportável. Decidiu então passar alguns anos no estrangeiro e sua escolha recaiu na Itália, cujo clima poderia contribuir positivamente para o fortalecimento da saúde de Lili, que era muito fraquinha e adoecia com freqüência, quando criança. O barão convenceu o príncipe a ficar com ele, em casa, até a partida; ele se afeiçoava cada vez mais ao jovem sério e calmo, e as suas palestras instrutivas agiam beneficamente sobre o barão. Os terríveis fenômenos que tiveram lugar em Zeldenburgo fizeram uma grande reviravolta em sua alma e o interesse pela ciência oculta quase abafou sua paixão pela arqueologia. Os dois, entretanto, não se davam conta da avidez com que Lili se agarrava a qualquer oportunidade para ouvir suas conversas sobre assuntos místicos. A menina era estranha, séria e muito inteligente para a sua idade. Ainda que tivesse quinze anos completos, externamente parecia uma criança; apenas seus olhos escuros e sonhadores apontavam que sua alma amadurecera antes do corpo. Religiosa ela sempre o fora, mas com a morte da mãe passava as horas rezando e ia assiduamente à igreja. Certa noite, Lili se encontrava casualmente na biblioteca, vasculhando uma das estantes atrás do cortinado; neste ínterim, entrou o pai com o príncipe, falando das provações da vida, da lei do carma, da necessidade da purificação da aura e do destino humano em geral. A menina ouvia feito enfeitiçada, com respiração suspensa, para não trair sua presença; mas mal o barão saiu para conversar com o administrador que o chamara, Lili saiu de seu esconderijo e aproximou-se do príncipe. Este folheava um livro e só a notou, quando ela o tocou levemente no braço. Ele ergueu a cabeça e surpreso olhou para seu rostinho enrubescido, visivelmente perturbado e olhar súplice.

— Quer me perguntar algo, *mademoiselle* Lili? Pode falar, terei prazer de atendê-la – disse ele, afetuosamente.

— Sim, príncipe, gostaria de estudar a ciência da qual o senhor falava com o papai. Quero conhecer as leis que governam o nosso destino, para viver de acordo com elas.

— Você é demasiadamente jovem para tal empreitada séria – considerou pensativamente o príncipe.

— O que tem isso? O senhor também o é, no entanto sabe tantas coisas e não se parece com outros. Teria o meu pobre e bondoso papai praticado esse hediondo crime, se conhecesse a lei do carma? Eu sei que foi ele, e não Vadim

Víktorovitch, que assumiu a culpa... – e as lágrimas embargaram sua voz. – Eu vejo como ele sofre. Por favor, Aleksei Adriánovitch! Não sou tão ignorante como o senhor supõe; vivo lendo as escrituras sagradas e a vida dos santos, que permeiam de fenômenos ocultos, só não sei explicá-los. Meditei muito sobre estas questões, comparando os fatos com o que ouvi do senhor, e sei que existem tanto o mundo e a vida visíveis, como invisíveis, entrelaçados por leis misteriosas, ignoradas pela gente comum. Sei que em Zeldenburgo ocorreram fenômenos misteriosos... E o tigre empalhado que morde, que atacou Karl e sugou-lhe o sangue? Ou aquele cavaleiro que, centenas de anos depois da morte, vagueia cheio de ódio e pressagia desgraças? Explique-me, por favor!

Com vivo interesse, o príncipe fitou o rosto afogueado de perturbação de sua interlocutora e seus olhinhos, que brilhavam de inteligência e força de vontade.

— Você tem intenções sérias, Lili; estou feliz de ver uma criatura tão jovem interessar-se por questões tão importantes, querendo estudá-las. Ele moveu uma cadeira e fez Lili sentar-se ao seu lado, prosseguindo: – Prometo conversar diariamente com você sobre as questões que lhe interessam; além disso, dar-lhe-ei alguns livros que você poderá ler nas horas livres das aulas. Quando eu estiver em Londres, você poderá escrever-me sobre as suas conclusões, dúvidas e perguntas, e eu prometo responder-lhe.

— Obrigada, obrigada! Como o senhor é bom! – exclamou Lili, alegre. – O senhor vai ver como serei aplicada, pois tenho tempo de sobra. O papai me disse que quer comprar uma vila nas redondezas de Spoleto, onde pretende viver por alguns anos em completo isolamento. Darei conta das aulas, pois tenho facilidade para estudar e o tempo restante, no meio do silêncio e paz da natureza maravilhosa, dedicarei à leitura e ao estudo das matérias que acho mais importantes e úteis que as outras.

— Você tem razão: o estudo da alma, que mune os seres humanos para a luta da vida, é mais importante que outros. O lugar onde vocês ficarão foi escolhido com muito acerto. Conheço Spoleto e suas redondezas pictóricas; o clima é suave e o silêncio e o isolamento são particulamente favoráveis para trabalho mental, inquebrantável pelo zunido desconexo das grandes cidades e pensamentos fétidos de gente ansiosa em saciar prazeres, paixões e arrebatamentos criminosos. Não pense, Lili, que os pensamentos sejam simples emanações inofensivas decorrentes do trabalho mental. Oh, não! É algo como uma nuvem de gafanhotos, pairando no ar, prestes a assediar os vivos. Cada meio tem a sua "população" fluídica específica. Assim, num povoado ou entre os selvagens de mesmo nível baixo do desenvolvimento mental, os pensamentos não superam a escala das necessidades materiais; mas, tão logo entre eles surja um novo elemento, ocorre uma drástica mudança: para o bem – se o elemento for puro, levando ao progresso e à evolução mental, ou para o mal – se o agente do movimento for infetado, capaz, apenas, de despertar paixões e instintos baixos da carne. Os gafanhotos fluídicos se grudam imediatamente nos que conseguem assimilar-lhes a existência, e a propagação maléfica tem seu início. O que lhe digo é para preveni-la de como os homens devem ser cuidadosos com os pensamentos: esses mensageiros do raciocínio podem ser bons, mas também causar muitos males. Da composição química de nossos pensamentos e do grau de suas emanações depende a nossa evolução espiritual. A irradiação do córtex, realizada energicamente, ou seja, com força dinâmica, gera pensamentos fulminantes, verdadeiros projéteis, tão letais como bombas ou balas, atuando para o bem ou para o mal. O pensamento humano hipnótico pode fulminar feito um raio, subjugar ou incitar ao heroísmo, se voltado para a multidão.

A sociedade não tem consciência de estar sustentando uma luta eterna, em meio à chuva de projéteis maléficos lançados por mentes contagiadas por anseios impuros e paixões. Os seres humanos desconhecem o perigo que correm, desarmados diante da terrível e imperceptível força desses inimigos hábeis e tenazes, que os assediam. Não é à toa que os eremitas fogem dos locais povoados, buscando o refúgio nas florestas ou desertos, para evitar o sítio mortal dos inimigos invisíveis; e, caso o abrigo do ermitão seja visitado por um homem dissoluto, ele deixa atrás de si um verdadeiro exército de arruaceiros viciosos, gerados por sua mente, que quebram a paz do pacífico anfitrião e o obrigam a retomar a luta contra os sentimentos já há muito tempo dominados. Por isso, minha jovem amiga, a sabedoria arcana do bem prescreve-nos orar de manhã e à noite. O arrebatamento ardente e sincero ao Pai Celeste granjeia-nos os protetores – propósitos límpidos e poderosos que rechaçam os inimigos fluídicos e os pensamentos larvácios, dotados de vida, que polvilham em torno de nós trazidos da rua, das reuniões numerosas, ou levados à nossa casa pelos visitantes. Pense em tudo isso, querida Lili, e ore sempre ardorosa e concentradamente. Qualquer pensamento é uma combinação química dos átomos, que podem gerar doenças fluídicas, sendo gerados por mentes dissolutas, ou, ao contrário, podem conter substâncias que afugentam princípios contagiosos.

Lili, que ouvia atentamente, agarrou e apertou reconhecida a mão do príncipe.

— Agradeço-lhe imensamente, Aleksei Adriánovitch, pela aula. Compreendo a importância do que me disse e zelarei ciosamente os meus pensamentos.

Municiada de dois livros que o príncipe lhe aconselhou, Lili despediu-se feliz; ele jurou por dentro fazer o possível para apoiar a encantadora menina no caminho à luz e muni-la de forças para enfrentar as tempestades da vida.

Após alguns dias, Lili contou ao príncipe, com olhos brilhando, que jamais, até então, tivera tanta facilidade para estudar: em meia hora ela fazia o que antes levava duas horas.

— Terei tempo de sobra para seus livros. Ontem, aliás, eu li sobre a psicografia(12), mas não compreendi bem como pode um objeto físico, um livro ou algo de ouro, revelar o passado a ele ligado?

— O passado reflete, por assim dizer, os pensamentos mumificados, presos a ele – disse o príncipe; mas, vendo que a sua interlocutora parecia não compreender, acrescentou: – Existem na natureza seres pequeníssimos, quase invisíveis – insetos, que se misturam com areia, terra, musgo velho em forma de poeira, e que permanecem aparentemente secos, transformados em múmias; mas basta um pouco de água ou calor dos raios solares, para que tudo se reanime e a pequena população inicie o trabalho, independentemente do tempo que durou a sua inatividade, como se não existisse para eles. De modo semelhante, existem, podemos dizer, pensamentos mecânicos que emanam dos laboriosos, proprietários do objeto, etc... Tais pensamentos são repletos dos reflexos do ambiente que eles reproduziram em detalhes: a época do ano, as cores, os aromas, o caráter, etc... Todas essas emanações aderem ao objeto feito pó, intangíveis e invisíveis, é claro, para um olho humano rude. Mas, se você pegar tal objeto coberto por essa população adormecida, concentrar nele o seu pensamento, atingi-lo com um jato do sopro tépido e poderoso, ou seja, alimentar essa poeira com a corrente vital, tudo se despertará e, diante de seu olhar espiritual, abrir-se-ão o passado e o presente, ligados a tal coisa. Além disso, existe um plano astral em que se reflete fotograficamente e se registra tudo o que se passa no plano materi-

---

(12) Textualmente no original. As referências, entretanto, modernamente seriam incluídas na Psicometria. (N.T.)

al, com a diferença de que nesta "fotografia" espacial preservam-se não só as imagens, mas os sons, as cores, os odores; resumindo: a própria vida, mantida intocável nos arquivos do Universo... Por que, por exemplo, na igreja sentimos uma sensação de paz e bem-estar diferente? Porque a atmosfera está saturada por emanações puras das orações, uma vez que aos pés do altar de Deus o homem leva o melhor de sua alma, e as correntes poderosas desses anseios ao bem varrem os fluidos maléficos e pesados, criando a bem-aventurança. A palavra é uma materialização do pensamento e, quanto mais poderosamente for expressa no pensamento a força de vontade, mais substancial torna-se a palavra, que se reveste então de uma matéria fluídica e que se cristaliza, se pudermos dizer assim, adquirindo aroma e cor característicos. Do que eu lhe disse, você poderá concluir que a composição química do pensamento corresponde à sua fonte. Do pântano elevam-se os miasmas maléficos, enquanto do foco de luz emanam as correntes refrescantes e curativas.

— Meu Deus, que mistérios passam ao largo de nós e nem sequer deles suspeitamos! Que horizontes se abrem! Vou ler somente os livros que tratam deste assunto, ao invés de andar pelos bailes. Bem que dizem: os livros são os melhores companheiros! – exclamou Lili extasiada. O príncipe sorriu.

— Sem dúvida, os livros são nossos companheiros, mas que também podem ser maus e muito perigosos.

— Como assim? O senhor está falando, por acaso, de livros maus? – perguntou Lili, sem entender.

— Justamente! Um livro, minha jovem amiga, é um objeto "mágico"; um néscio nem suspeita de sua força benéfica ou fatal. Primeiramente, um livro cria um elo invisível, mas sólido, entre o autor e seu leitor, uma vez que toda a obra do pensamento concentrado é impregnada de sentimentos, convicções, paixões do autor e de seu desejo de transmitir a outros suas concepções do Universo. É uma hipnose. Eu já lhe disse que o pensamento é uma matéria, dotada de movimento, aromas e cores, que corresponde à composição química da alma que o criou e irradiou; o poder desse fluido é tamanho, que ele se manifesta numa obra impressa, como que um manuscrito original. Um leitor ignorante nem suspeita do estranho trabalho que se processa em seu cérebro, onde se gravam as torrentes imperceptíveis das páginas supostamente puras e tão inofensivas. Mas, se essa torrente é fria, as vibrações são irritantes, o odor é nauseabundo, emanando os vícios e as paixões caóticas. O leitor se contagia espiritual e fisicamente, caindo no abismo das emoções desconexas e, freqüentemente, torna-se vítima de alguma catástrofe. A eqüidade do que digo é suficientemente comprovada pela epidemia de suicídios, assassinatos e casos de loucura, que se intensificam a cada dia, e a sua causa é a literatura indecente e imoral que campeia hoje, infelizmente. Ao contrário, um livro cheio de pensamentos excelsos espalha calor benéfico, aroma suave e luz astral pura. Ele eleva a alma dilacerada pelas provações, acalma e cura os nervos cansados; é uma espécie de médico invisível.

— Não vou nem tocar em maus livros! – exclamou Lili com tal ímpeto extasiado e ingênuo, que o príncipe pôs-se a rir.

Este tipo de conversa distraía a jovem, fazendo com que ela se esquecesse da morte da mãe, de Vadim Víktorovitch, e de suas preocupações com o estado de Mery, seriamente doente, sem falar da tia de Zatórsky, que se encontrava entre a vida e a morte. O barão também sofria por conta dessas notícias tristes. A idéia de que o seu crime poderia custar a vida de duas vidas inocentes oprimia-o feito pesadelo e ele ultimava apressadamente os preparativos para a viagem. Qual não foi a sua alegria e de Lili, ao saberem que Mery estava fora de perigo. Alguns dias depois, a família dos Kosen partiu para a Itália; o príncipe viajou para Londres.

Voltemos agora para a época em que Elena Oreéstovna levou Mery para seu lar paterno. Mikhail Mikháilovitch assustou-se ao rever a filha, que partira bela e viçosa feito uma rosa desabrochando e retornava pálida feito sombra, alquebrada e, aparentemente, doente.

A generala relatou a Suróvtsev os acontecimentos em Zeldenburgo e o amor infeliz de Mery, tragicamente rompido pela morte do doutor e da baronesa.

— Algo de sobrenatural e inexplicável houve naquele castelo – acrescentou ela, persignando-se. – Por mais que riam os espertinhos ociosos, o mundo do além existe, com suas leis desconhecidas. Vagamos aqui feito cegos, pois fatos irrefutáveis deitam por terra as nossas descrenças.

Anna Petrovna ainda estava em Cannes, descansando do tratamento. Preocupado, Mikhail Mikháilovitch enviou um telegrama para a esposa, pedindo-lhe para voltar urgente. Quem cuidou de Mery foi Aksínia, sua antiga babá; ela ministrava os remédios receitados por médico e, quando essa ficou acamada, tentou confortá-la.

— Meu anjinho, não chore e não se lamente, pois ele não vale suas lágrimas. Veja só por quem se apaixonou! Um amante da baronesa! Se soubesse do que as pessoas andam falando: aquela bruxa o vivia maltratando, inclusive o surrava. Até o último *mujique*, com mínimo de orgulho, não teria suportado aquilo; e ele só dava risadinhas. Você se esquecerá desse velho devasso que não se avexou em girar a cabeça de uma criança, e logo conhecerá um noivo de verdade: jovem, bonito e rico – tal como você merece.

Mas Mery permanecia muda, escondendo o rosto no travesseiro; nem sua dor nem as lágrimas diminuíam. Aksínia estava desesperada, sem saber o que fazer. À noite, conversando com uma amiga, governanta, ela despejou sua indignação.

— Não falei para a patroa que aquela sua idéia ia acabar mal? Onde já se viu deixar uma menina ir sozinha à casa tão imunda, e ainda confiá-la àquela depravada. Não me ouviram e agora tomem – o que já pressentia a minha alma!

Anna Petrovna retornou a Petersburgo muito alarmada e encontrou Mery doente; no dia seguinte, esta teve febre nervosa e, no decorrer de três semanas, a vida da jovem ficou por um fio. Sua mãe começou também a se arrepender amargamente por ter deixado a filha hospedar-se numa família suspeita, em conseqüência de que Mery se envolvera com um homem de nome manchado. As emoções de toda a espécie, vividas pela jovem, foram demasiadamente fortes para a sua natureza fraca.

Mal Mery começou a se recuperar e as preocupações causadas por sua enfermidade ainda não tinham serenado, uma nova desgraça atingiu os Suróvtsev. De todas as suas numerosas propriedades, Mikhail Mikháilovitch havia conservado um ninho da família consistente de uma enorme casa, dos tempos de Katarina; quando a família não viajava para o exterior, ali passava o verão. Certa noite, por causas desconhecidas, ocorreu um incêndio que consumiu toda a casa fechada e vazia, com todos os bens da propriedade: haras, celeiros, gado e provisões. O administrador, desesperado, enforcou-se. Mas esse enorme infortúnio só era o começo de outras perdas irreparáveis, como que, com a volta de Mery, desabasse toda a sorte de desgraças. As perdas financeiras, maiores ou menores, alternavam-se sem cessar. Suróvtsev perdeu a cabeça e, tentando reverter a situação, lançava-se em empreendimentos mais arriscados. Finalmente, uns seis meses após o retorno de Mery do castelo dos Kosen, ele foi atingido pelo golpe derradeiro: a casa bancária, onde ele guardava seus últimos capitais, quebrou inesperadamente. Não adiantava mais se enganar: Mikhail Mikháilovitch estava arruinado, não tinha como manter a família e as dívidas assumidas levariam tudo, inclusive a última cadeira. O que aconteceria depois? Recuperar o patrimônio era impossível. Servir num banco, quando ele era tido como um grande financista, feria seu orgulho e ele preferia a morte àquela humilhação. Sentado à sua escrivaninha, ele se indignava com os "amigos" que ainda há pouco se apinhavam em seus salões, sabedor por experiência que nenhum deles lhe estenderia a mão em ajuda. Toda aquela multidão ociosa já havia farejado sua ruína e, insaciável em prazeres, debandou, tal qual os ratos fogem do celeiro vazio em busca de um cheio, onde possam se locupletar. Suróvtsev era filho de sua época, sem princípios morais sólidos, materialista e ateísta no íntimo, apesar da religiosidade aparente por hábito, em que a verdadeira fé simplesmente inexistia. No momento terrível da provação, ele não tinha um sustentáculo moral, extinguiu-se-lhe a consciência do dever em relação à família, faltava-lhe a energia que sustenta um cristão, até em casos de maior infortúnio. Em sua vida, ele jamais fizera uma transação que o deixasse de consciência limpa e, naquele momento, cometeria até um crime, desde que esse ato ignóbil pudesse consertar a situação, assegurar-lhe uma vida luxuosa e fácil, a que estava acostumado.

Subsistir sem aquele luxo e boa comida parecia-lhe impossível. Que suplício imaginar-se abandonando o gabinete maravilhosamente guarnecido, e a casa rica, obrigado a se mudar para algum buraco e tendo que agüentar os olhares zombeteiros dos conhecidos, que ele vivia atordoando com sua riqueza e recepções. Um suor gelado cobriu-lhe a testa e do peito se soltou um suspiro rouco. Ele já ouvia o riso de escárnio e as sentenças impiedosas:

"Nós prevíamos a sua bancarrota; suas especulações insanas não poderiam dar sempre certo; você colheu o que semeara".

Concomitante com aquela tortura moral, amadurecia a decisão de acabar consigo, para que a morte o livrasse da vergonha e pobreza. Por um instante, assaltou-lhe a mente a idéia de orar, pedir por auxílio e apoio junto ao Pai Celeste, mas ele afastou o pensamento; em sua alma só sobejava bílis e revolta. Ele ignorava que em tais minutos de angústia, quando tudo se agita e na alma do homem se desencadeia o caos, as forças do mal a espreitarem as fraqueza humana subjugam a sua vítima. De súbito decidido, pegou um papel e começou a escrever suas últimas cartas, para que, antes que o dia clareasse, pudesse dar fim à sua vida. Terminada e fechada a última, Suróvtsev recostou-se no espaldar da poltrona e fechou os olhos; estava totalmente exaurido e sentia a cabeça girando. Quase maquinalmente, ele tirou da gaveta uma pistola e colocou-a na mesa. Tudo estava pronto, só faltava concentrar-se um pouco.

Um estado estranho, tirante a catalepsia, dominou-o. Ele não conseguia sequer mover um dedo, mas seus olhos estavam abertos e diante dele se desdobrava uma incrível "alucinação". Parecia-lhe que de um canto escuro surgiu, e a ele rastejou, um banqueiro, seu "amigo", que se matara um ano antes também arruinado. Como ele estava mudado! O rosto escuro, transfigurado pelo sofrimento, era medonho, enquanto em torno dele pululavam criaturas asquerosas e zombeteiras, cujo cheiro fétido tonteou Mikhail Mikháilovitch, fazendo-o se sufocar. Subitamente, fulgiu uma faixa de luz vermelha e, nesse clarão púrpuro, os espectros nojentos desapareceram. Numa névoa, como que ígnea, dele se aproximava uma mulher alta e esbelta, envolta em echarpe larga de gaze com franjas douradas, que mal cobria a suntuosidade de sua formas. Adereços maciços valiosos engalanavam-lhe o pescoço, as mãos e os tornozelos; um largo diadema sustentava a vistosa cabeleira de seda dos negros cabelos soltos, que a envolviam como por manta. O rosto brônzeo, tal qual a cor do corpo, era demoniacamente sedutor e os grandes olhos escuros semi-abertos fitavam

Suróvtsev com olhar cruel e impiedoso, como de uma fera. Na mão erguida da intrusa, balançava-se um colar de ouro, como que salpicado por gotas de sangue, e que sustentava um coração ígneo, desprendendo colunas de fumaça escura; na outra mão, ela empunhava uma corda com laço. Deslizando feito sombra e contorcendo seu corpo leve, feito cobra, ela iniciou uma dança tresloucada em torno de Mikhail Mikháilovitch, que se viu em pé no centro do quarto. Uma música estranha secundava aquela seqüência corporal em meio a gemidos roucos, estertores e choro. Os círculos foram se apertando, a dançarina foi-se aproximando e agora, daquela roda infernal, já participavam bandos de criaturas com caras diabólicas. Em seguida, os demônios parecia terem cercado Suróvtsev, desataram o nó do cinto que lhe cingia o roupão e começaram a arrastá-lo, enquanto através da névoa escura e fumacenta se destacou uma estátua de mulher de cabeça leonina, amparada por criaturas de caras animalescas, diante da qual a dançarina se prostrou...

No dia seguinte, de manhã, toda a casa se levantou alardeada. Notaram que Mikhail Mikháilovitch não se havia recolhido para dormir e o seu gabinete estava fechado à chave, por dentro; por mais que chamassem, não houve resposta. Então a porta foi arrombada.

A primeira que irrompeu no quarto foi Anna Petrovna e aos seus olhos descortinou-se um quadro aterrador. Num grande gancho da parede, instalado para lâmpada elétrica, pendia o corpo já enregelado de Mikhail Mikháilovitch e seu rosto estava transfigurado asquerosamente; ele se havia enforcado nos cordões de seu roupão.

Anna Petrovna, desfalecida, foi carregada do quarto; Mery também foi de lá levada, ensandecida de dor. Em total apatia os infelizes presenciaram o enterro, feito às pressas e sem qualquer pompa. Mais tarde, a família constatou a situação terrível.

Pelas cartas deixadas por Suróvtsev e após examinar seus negócios, soube-se que de seu patrimônio nada sobrou. Com a batida do martelo, foi tudo; nenhuma alma foi acudi-los. Entre os credores, encontrou-se apenas um homem que se penalizou pela pobre família e convenceu os outros a deixar-lhe um pouco de móveis e mais alguns objetos sem valor, mas caros como lembranças.

Mery não sabia que, de todas as jóias, ela só levava o colar fatídico de Káli. Aconteceu isso da seguinte forma: durante a desgraça, de toda a criadagem apenas Aksínia não traiu seu pobre senhorio. Ao desfazer o cesto quando do retorno de Mery do castelo, ela achou o colar e o guardou. O objeto não foi incluído no inventário. Aksínia, achando que ele fosse valioso, escondeu-o do leilão e, ao arrumar os trastes deixados para Anna Petrovna e as crianças, colocou o colar numa caixa depositada no fundo de um baú. Ela não mencionou isso nem a Mery, nem à sua mãe, temendo que por excesso de honestidade elas entragassem a jóia aos credores.

"Quando não tiverem o que comer, poderão vender o colar e agüentar mais um tempo até se arrumarem", pensou a babá.

Um mês após a morte de Mikhail Mikháilovitch, a família deixou a casa onde vivera por tantos anos feliz e bem de vida, indo morar num pequeno apartamento nos arredores da cidade.

*Leia a continuação*

*desta história nos romances*

*"No Castelo da Escócia" e*

*"Do Reino das Sombras"*

**LEIA ROCHESTER** *o fantástico mundo da literatura mediúnica! Psicografia da médium russa Wera Krijanowskaia!*

CONFISSÕES DE UM CONDENADO

OS MAGOS

A IRA DIVINA

A MORTE DO PLANETA

OS LEGISLADORES

AS DUAS ESFINGES

COBRA CAPELA

O LAÇO DA MORTE

NOVA ERA

*Você já leu os livros da médium Vera Lúcia Marinzeck publicados pela Lúmen Editorial?*

### Em Missão de Socorro

*(espíritos Guilherme, Leonor e José)*

Acompanhe como são feitas as operações de resgate no Umbral e nas zonas inferiores através do depoimento de três espíritos especializados na tarefa socorrista.

### Véu do Passado

Kim, garoto conhecido como "o menino das adivinhações", tem a vidência aflorada. Uma cena o acompanha: a da sua própria morte. Na espiritualidade, seus poderes e mistérios serão revelados...

### O Rochedo dos Amantes

Uma estranha história de amor acontece num lugar de nome singular: Rochedo dos Amantes. Intrigas, mistério e disputa de grupos desencarnados estão presentes nesta obra com um final surpreendente.

### Rosana, a Terceira Vítima Fatal

Suspense, morte e o reencontro de Rosana e Rafael, na espiritualidade, depois de uma série de crimes misteriosos ocorridos em uma pequena cidade do interior.

### Escravo Bernardino

História que retrata, com fidelidade, o período da escravidão no Brasil, contado pelos personagens que viveram, na carne, o domínio dos senhores de engenho.

### O Pedacinho do Céu Azul

(Espírito Rosângela) – *Infantil*

Livro que fala das brincadeiras, pensamentos e sonhos da garota Liliam, uma menina cega cujo maior desejo era conhecer o azul do céu infinito.

## *Sucessos do* Espírito Irmão Virgílio *psicografados pelo médium* Antonio Demarchi!

**Além do Infinito Azul**

Os jovens médicos Leonardo e Otávio são companheiros de longa data. Ao passar férias na fazenda do amigo, Leonardo descobre sua verdadeira missão na Terra e reencontra um velho amor do passado.

**Crepúsculo de Outono**

Dr. Augusto envolve-se em uma morte acidental. O instrutor Demétrius e Irmão Virgílio aproveitam o caso para fazer novos estudos sobre o aborto, a concepção de um bebê, o Carnaval e os laboratórios espirituais de reencarnação.

**Mansão dos Jovens**

Veja o cotidiano do pronto socorro chamado Mansão dos Jovens, na espiritualidade, e aprenda as lições do Instrutor Valérius...

**A Vida Ensina**

Nesta obra, Irmão Virgílio nos apresenta contos e histórias repletas de ensinamentos e elevadas mensagens, com bom humor e carinho. Uma leitura saudável e um entretenimento sadio para todas as horas.

*Leia estas obras psicografadas pelo médium*

# *Eurípedes Kühl!*

ALMAS EM CHAMAS
*(Espírito Josué) Romance*
Uma montadora de veículos multinacional, a H&H, passa a sofrer o assédio de um grupo de espíritos desencarnados. Suspense, tensão e ternura reunidos em uma obra atualíssima própria do cotidiano capitalista vivido nas grandes empresas.

JOGO – MERGULHO NO VULCÃO
*(Espírito Claudinei) Romance*
Lazer, diversão, sorte, azar ou vício? Descubra as respostas lendo a trajetória de Élcio, jogador inveterado, e as conseqüências espirituais de sua viagem pelo mundo dos cassinos.

ESCRAVOS DO OURO
*(Espírito Van der Goehen)*
Conheça o período do ciclo do ouro no Brasil-colônia e as aventuras do português Severo Cantilhão em busca de fortuna e poder em terras brasileiras.

# *Fique com Jesus no coração!*

## O Livro dos Evangelhos

*(obra de Emídio Brasileiro)*

Leia, de forma fácil e didática, os Evangelhos de Marcos, Mateus, Lucas e João, reunidos em uma só obra e separados por assunto, de acordo com os fatos ocorridos durante a passagem de Jesus pela Terra. Ensinamento e leitura fundamental para quem quer fazer crescer o amor em seu coração.

## *Duas histórias emocionantes com Marislei Espíndula Brasileiro*

### MADELEINE
### UM PASSADO EM PARIS

Por que a jovem Madeleine é atormentada por visões e pesadelos? Por que seu amor por François cusa tanto ciúmes no espírito Ribot? Leia e acompanhe o desenlace deste triângulo amoroso...

### A JÓIA DA GALILÉIA

Suzana, a seguidora do Cristo, encontra uma antiga paixão na figura do general romano Otávio. O que fazer? Renunciar a tudo e seguir Jesus ou lutar pelo seu amor e tentar convertê-lo aos ensinamentos do Mestre?